D1717489

Zen leben – Christ bleiben

Ruben Habito

Zen leben –
Christ bleiben

Aus dem Amerikanischen
von Michael Schmidt

O.W. Barth

Meinem Vater, Dr. Celestino P. Habito,
und meiner Mutter, Faustina F. Habito (1921–1993),
in grenzenloser Dankbarkeit dafür, dass sie mir
dieses Leben geschenkt haben.

Die Originalausgabe erschien unter dem Titel
»Living Zen, Loving God«
bei Wisdom Publications, 199 Elm Street,
Somerville MA 02144 USA

www.fischerverlage.de

Erschienen bei O.W. Barth, ein Verlag der
S. Fischer Verlag GmbH, Frankfurt am Main
Copyright © 2004 by Ruben L. F. Habito
Für die deutschsprachige Ausgabe:
© S. Fischer Verlag GmbH, Frankfurt am Main, 2006
Gesamtherstellung: Ebner & Spiegel, Ulm
Printed in Germany

ISBN-13: 978-3-502-61154-7
ISBN-10: 3-502-61154-8

Inhalt

Vorwort

RUBEN HABITO ist ebenso gebildet wie einfühlsam. Darüber hinaus ist er jemand, der auf authentische Weise sowohl das Christentum als auch Zen praktiziert. Ja, mehr noch: Ruben hat einen höheren Status erlangt – als ein ganz normaler Mensch, der seine Frau liebt, mit seinen kleinen Söhnen spielt und die Gesellschaft guter Freunde genießt.

In gewisser Hinsicht erschließt dieses Buch über ein christliches Leben mit Zen die Tiefen von Ruben Habitos Normalität. Oder wie es ein Zen-Koan formuliert: »Der gewöhnliche Geist ist der Weg des Erwachens.« Und doch erhebt dieses Buch einen kühnen Anspruch. Es ist kein Buch *über* Buddhismus und Christentum oder *über* Leere und Theismus. Vielmehr legt Habito hier Zeugnis ab von seiner Erfahrung der Erleuchtung durch die Zen-Praxis. Und er legt Zeugnis ab von seinem christlichen Glauben. An anderer Stelle hat er geschildert, wie er als junger Mann sein Bewusstsein von Gott über die Gestalt des Gottvaters hinaus erweitert hat, die so oft fälschlicherweise für die höchste Wirklichkeit gehalten wird.[1] In diesem Buch nun spricht er schlicht und freimütig von der Erfahrung des Erwachens durch die Praxis des Zen.

Bemerkenswerterweise haben zwei anerkannte Meister der japanischen Zen-Schule des Sanbo-Kyodan – Koun Yamada

Roshi und Hakuun Yasutani Roshi – die Erleuchtung dieses christlichen Zen-Praktizierenden als authentisch bestätigt. Der berühmte deutsche Jesuit und Zen-Meister Pater Hugo Enomiya-Lassalle hat darauf hingewiesen, dass Ruben Habito der erste Katholik ist, dessen Erleuchtungserfahrung von anerkannten Zen-Meistern beglaubigt wurde. Dies alles verwischt natürlich die scharfe Trennungslinie zwischen Christsein und gelebtem Zen. Ein Jesuit versenkt sich in die Praxis der Zen-Meditation und erlangt nicht nur tiefe und bewegende Erkenntnisse, sondern er stellt auch ein lebendes Beispiel für die zentrale Erleuchtungserfahrung dar, die ihn zum Buddha macht. Das ist ein kühnes Unterfangen und ein außergewöhnlicher Anspruch, auch wenn es von Zen-Meistern beglaubigt wird, die kraft ihrer Herkunft dazu in der Lage sind.

Normalerweise gibt es so etwas nicht: Muslime haben nur selten Visionen von Vishnu. Juden begegnen Jesus nicht in den Tiefen ihrer Gebete. Und selbst dann, wenn Menschen tatsächlich behaupten, sie hätten Erfahrungen gemacht, die traditionelle Religionen miteinander verbinden, begegnen ihnen die Anhänger dieser religiösen Traditionen oft mit Misstrauen. Wenn Yogi Yogananda Paramahamsa in seiner *Autobiographie eines Yogi* von parallelen Visionen von seinem Lehrer Iri Yukteshwar und von Jesus Christus berichtet, so reagieren Christen darauf im Allgemeinen überaus skeptisch, zumal Yogananda im Kontext seiner Yoga-Metaphysik die Gestalten in seiner Vision als Astralkörper und Astralwesen bezeichnet.[2] Aufgrund dieser Vision akzeptiert ihn wahrscheinlich kein Christ als Christen.

Aber das Zentrum der Sanbo-Kyodan, das San-un-Zendo (die Zen-Halle der Drei Wolken) in Kamakura, wo Habito mit seiner Zen-Praxis begann, ist in gewisser Hinsicht einzigartig. Es vertritt eine radikale Auffassung der Zen-Lehre, nämlich dass Erleuchtung über Sprache hinausgeht und somit von

Mensch zu Mensch wortlos übertragen wird – und das bedeutet, dass sich ein solches Erleben des Erwachens nicht auf Menschen beschränkt, die dem Buddhismus angehören. Juden und Christen, ja eigentlich jeder kann die Tiefen praktizieren und erleben, die zum ersten Mal von Buddha Shakyamuni erfahren wurden. Das ist in der Tat eine radikale Offenheit – etwa so, als wären Christen bereit, ihr heiliges Abendmahl mit Buddhisten zu teilen oder anzuerkennen, dass Gnade und Heiligkeit bei Juden, Muslimen oder Hindus die gleiche Qualität haben. Nicht alle würden derartige Grenzüberschreitungen akzeptieren.

Die Erleuchtungserfahrung, die Ruben Habito beschreibt, entsprang dem Zen-Kontext in Japan und wurde von Koun-Yamada Roshi in der traditionellen privaten Befragung überprüft. Ferner wurde sie von Hakuun Yasutani Roshi, Yamada Roshis Lehrer, überprüft und erneut als echte Zen-Erleuchtung beglaubigt. Andere Nichtbuddhisten beschreiten seither den gleichen Weg, und inzwischen gibt es eine kleine Phalanx von jüdischen und christlichen Zen-Lehrern, die in der Sanbo-Kyodan-Tradition ausgebildet wurden und ähnliche Erfahrungen gemacht haben.

Dies unterscheidet sich völlig von dem Zen, das in den Sechzigerjahren des vorigen Jahrhunderts in den Westen exportiert wurde. Ein Kollege erwähnte in einem Gespräch, er habe einmal den verehrten Zen-Gelehrten D. T. Suzuki gefragt, wie viele Menschen im Westen im Laufe der vielen Jahre, in denen er in den USA lehrte, *satori*, die Erleuchtung, erlangt hätten. »Kein Einziger!«, habe Suzuki erwidert. Er war der Meinung, Zen sei untrennbar mit der japanischen Kultur verbunden, und außerhalb von ihr sei es schwierig, Zen zu praktizieren, und fast unmöglich, es effektiv zu praktizieren. Das ist die typische Einstellung der meisten Traditionen – nämlich, dass die Menschen zunächst einmal kulturell darauf vorbereitet werden müssen, sich mit dem wahren Weg zu beschäftigen. Tatsächlich setzen Christen oft ihre (westliche) Kultur mit dem Evangelium gleich.

Aber in diesem Buch geht es im Grunde gar nicht um Buddhismus und Christentum. Vielmehr lesen wir vom Leben und Lieben, die in einer christlich-katholischen Kultur und Kirche ebenso wie in einer zen-buddhistischen Schule und Meditationshalle untrennbar miteinander verwoben sind. Wir lesen von Leben verwandelnden Erfahrungen, von Erleuchtung, die über Grenzen und Religionszugehörigkeit hinausgeht.[3]

Doch das hat nichts mit einer Vermischung von Traditionen zu tun. Jede bleibt für sich klar und eindeutig, selbst wenn sie sich in den Praktiken, den christlichen Gott zu lieben und Zen zu leben, einander annähern. Jede Tradition bereichert die andere, ohne dabei zu einer verfälschten Mutation ihrer selbst zu verkommen. Ruben Habito bezeichnet sein Verständnis dieser beiden Traditionen gern als ein gegenseitiges Durchdringen dessen, was es heißt, Zen zu leben und Gott zu lieben. Diese Formulierung geht auf den griechischen Begriff der Perichorese zurück, der in der christlichen Theologie das vollständige wechselseitige Durchdringen der Personen der Dreifaltigkeit bezeichnet: Während Vater, Sohn und Heiliger Geist sich einerseits voneinander unterscheiden, durchdringen sie andererseits einander völlig in der einen umfassenden Wirklichkeit der Dreifaltigkeit. Im Falle von Ruben Habito also bleibt Zen Zen, und der christliche Glaube bleibt der christliche Glaube. Keins von beiden wird verwässert, durcheinander gebracht oder entstellt. Vielmehr ist das eine mit dem anderen verwoben, und beide durchdringen einander.

Die Zen-Praxis von Ruben Habito ist nicht das esoterische Zen, wie man es sich gemeinhin vorstellt und das irgendwo jenseits irgendeiner konkreten religiösen Praxis oder Lehre liegt. Es ist vielmehr das Zen, wie es in der Sanbo-Kyodan-Schule von den japanischen Meistern Yasutani und Yamada gelehrt und von einer Reihe nordamerikanischer Lehrer – Sister Elaine MacInnes, Bernie Glassman, Father Robert Kennedy und anderen – praktiziert wird. Und ebenso ist der hier zum Ausdruck gebrachte katholische Glaube nicht ein abgeschwächter Glaube, der irgendwie an die Lehrmuster des Zen angepasst worden wäre. Darum geht es in diesem Buch gerade nicht. Im Gegenteil – jede Tradition wird hier auf engagierteste Weise erfahren, und die ganze Praxis zielt darauf ab, die innere Wirklichkeit der Tradition zu erleben. Der chinesische Zen-Meister Wu-men kommentiert in seiner Koan-Sammlung *Wu-men-kuan (Die Schranke ohne Tor)* das Koan »Drei Pfund Hanf« mit den Worten, Meister Tung-shan habe wirklich sein Innerstes offenbart, so wie eine leicht geöffnete Muschel ihre Leber und ihre Eingeweide zeige. Wu-men legt hier nicht eine reine Lehre über die Buddha-Natur dar, sondern verweist direkt auf die engagierte Erfahrung, die Erleuchtung zu leben, Zen zu leben, Gott zu lieben.

Und eine solche engagierte Erfahrung wiederum bewirkt, dass aus Einsichten und Erkenntnissen Lehrwahrheiten werden. Wenn Ruben Habito davon spricht, er liebe Gott, und erklärt, Gott sei gleichzeitig Subjekt, Objekt und der Akt des Liebens selbst, spielt er damit nicht nur auf Augustinus an, sondern mehr noch auf Wu-men. Eine solche Erfahrung bezeichnet nämlich eine Dreifaltigkeit des ununterscheidbaren wechselseitigen Durchdringens, in der die eine allumfassende und doch leere Liebe Gottes uns zu Erleuchtungen treibt, die uns wieder an diese konkrete Welt binden.

Diese Theologie der Perichorese hält die Traditionen in schöpferischer Spannung innerhalb der persönlichen Praxis einer individuellen Biographie. Ihre Leere ist in dem konkreten Lebenslauf jedes einzelnen Praktizierenden begründet. Ruben Habito wurde in Asien geboren, wuchs in der katholischen Tradition der Philippinen auf, wurde geprägt von den Exerzitien des Ignatius von Loyola, vertiefte sich in die japanische Kultur und Philosophie und mühte sich im Rahmen seiner Zen-Ausbildung mit dem Koan »Mu« ab. (Ein Mönch fragte Chao-chou: »Hat der Hund Buddha-Natur oder nicht?« Chao-chou erwiderte: »Mu.« [Nichts da!]) Dieses Koan löste in Habito eine so authentische Erfahrung aus, dass sie von Zen-Meistern beglaubigt wurde, die sich darauf verstehen, echte Erkenntnis von falschen Zuständen des Erwachens zu unterscheiden. Aus dieser einzigartigen Biographie von Ruben Habito gehen die Spannungen in diesem Buch hervor – es sind keine ungesunden, sondern schöpferische Spannungen, wie sie durchaus in einem Christen entstehen könnten, der sich darauf einlässt, Zazen zu praktizieren und seine eigene Buddha-Natur als existenzielle Wirklichkeit zu verstehen.

Die Theologie, die ich in dem Buch *Zen leben – Christ bleiben* erkenne, ließe sich als »unfertige Theologie« bezeichnen, als eine Theologie von Einsichten, die einer intensiven Praxis abgerungen sind, die sich auf die Welt einlässt, die eine endgültige verbale Festlegung scheut, die einen immer wieder zum innersten Kern dessen zurückführt, was es heißt, ein Mensch zu sein. Sie weigert sich, vorschnell begriffliche Klarheit zu erlangen, denn jede Religion läuft ständig Gefahr, in Worten festzuhalten, was man kaum erst gerade in seinem Inneren erfahren hat. Und obwohl Zen tatsächlich eine verbale Geschichte und eine entwickelte Tradition besitzt, worauf viele Gelehrte hingewiesen haben[4], führt einen diese Tradition zwangsläufig hin zu totaler Befreiung, und zwar in persönlicher wie in gesellschaftlicher Hinsicht, in einem höchsten wie in einem ganz weltlichen Sinn.

Dies ist eine ächzende Theologie, die in stundenlanger Praxis darum ringt, zum Ausdruck zu bringen, was klare Worte oft verbergen. Die Zen-Tradition ist reich an Geschichten über Schüler und Meister, die durch Schreie, Schläge und Stöhnen miteinander kommunizieren, Geschichten voller tiefgründiger emotionaler Bilder, die zwar Dinge artikulieren, sich aber weigern, den Buddha-Geist auf irgendeine simple Weise festzulegen. Nichts anderes meint Paulus, wenn er schreibt, diese Welt ächze und kämpfe, bis sie ihre Fülle erreiche – in Christus.

John P. Keenan

Einführung

IN DIESEM BUCH möchte ich die folgenden Fragen erörtern: Worin besteht das Wesen der Erleuchtungserfahrung des Zen? Wie trägt diese Erfahrung dazu bei, uns bei unserem Handeln in der Welt zu leiten, das doch so sehr von Konflikt, Gewalt und Leiden belastet ist? Wie begründet die Erleuchtungserfahrung eine sozial engagierte Spiritualität? Und da ich zur Zen-Praxis gekommen bin, nachdem ich von einer christlichen (genauer: römisch-katholischen) Tradition geprägt wurde, in die ich hineingeboren und in der ich groß geworden bin, stelle ich mir eine Frage, die aus meinem eigenen jahrelangen inneren Kampf erwachsen ist: Wie soll ich die Zen-Erfahrung im Licht meines christlichen Glaubens verstehen und artikulieren?

Eine vorläufige Antwort auf diese letzte Frage steckt bereits im – englischen – Titel dieses Buches: *Living Zen, Loving God*. Um es einmal sehr verkürzt zu formulieren: Zen auf authentische Weise zu leben heißt, das zu erfahren, was Christen meinen, wenn sie die Formulierung »Gott lieben« gebrauchen.

Allerdings müssen wir uns stets darüber im Klaren sein, dass der in diesem Zusammenhang verwendete Begriff »Gott« nicht bloß als ein Objekt des Verbs »lieben« verstanden werden sollte. Tatsächlich ist er das Subjekt, das Objekt ebenso wie der Akt des Liebens selbst. Aber sofort erwidert der Buddhist in mir: Wenn man eine solche Behauptung aufstellt, muss man sich zugleich dessen bewusst sein und betonen, dass das Subjekt, das Objekt und der Akt ganz und gar leer sind!

Die obige »Antwort« ist in ihrer problematischen Formulierung offenkundig unbefriedigend, und darum lade ich den Leser dazu ein, mich durch dieses Buch zu begleiten und nach dem Ausschau zu halten, was ich damit vermitteln möchte.

Mögen diese Ausführungen als Extrakt meiner eigenen Zen-Gespräche und -Schriften dem Leser dabei behilflich sein, die Möglichkeiten ebenso wie die Gefahren und Schwierigkeiten der Zen-Praxis und ihre Auswirkungen auf das tägliche Leben in unserer unruhigen Welt besser zu verstehen. Mögen sie auf einen Aspekt aufmerksam machen, der in vielen Abhandlungen über Zen großenteils vernachlässigt wird, nämlich seine so anregende Bedeutung für die Praxis des sozialen Engagements. Und mögen sie schließlich den Leser die Übereinstimmungen mit Themen der christlichen Spiritualität erkennen lassen, so dass diejenigen, die von der christlichen Tradition herkommen oder sich darin heimisch fühlen, in der Lage sind, deren grundlegende Schätze wiederzuentdecken und zu würdigen.

Der japanische Begriff *kensho* wird oft mit »Erleuchtungserfahrung« übersetzt; im Japanischen jedoch bildet er ein aus zwei Schriftzeichen zusammengesetztes Wort, das so viel wie »schauen« und »das eigene wahre Wesen« bedeutet. Somit ist Erleuchtung im Zusammenhang mit Zen als eine Erfahrung der »Schau des eigenen wahren Wesens« zu verstehen, das heißt, man durchschaut und erkennt klar, dass die Wirklichkeit von allem nicht von einem selbst getrennt ist, von allem, wie es wirklich ist.

Kensho ist die entscheidende zweite »Frucht« der »drei Früchte« des Zazen, der Praxis der Meditation im Sitzen. Die erste Frucht, die Vertiefung der Konzentrationskraft *(joriki)*, ebnet den Weg zur Erleuchtung, und die dritte Frucht, die Personalisierung dieser Erleuchtung – die »Verkörperung des unübertrefflichen Weges« *(mujodo no taigen)* –, ergibt sich daraus.

Die Kapitel dieses Buches versuchen, diese Erfahrungen im Einzelnen darzustellen und sie aus verschiedenen Blickwinkeln zu untersuchen.

Das erste Kapitel mit der Überschrift »Die Schau ins eigene wahre Wesen« ist ein Bericht über meinen eigenen ersten Blick in die Welt des Zen und schildert eine Erfahrung von Kensho, die von meinem Lehrer Yamada Roshi bestätigt wurde. Es spiegelt auch meine frühen Versuche wider, die Zen-Erleuchtungserfahrung in Begriffen der christlichen Glaubenstradition zu formulieren, in der ich aufgewachsen bin und der ich auch weiterhin angehöre.

Das zweite Kapitel, »Leere und Fülle«, befasst sich damit, wie die eigene Erleuchtungserfahrung ein Licht auf unsere gesamte Weltanschauung und auf unser Verhältnis zu weltlichen Ereignissen wirft und beide beeinflusst. Das in den buddhistischen Schriften verwendete Bild des Spiegels für den erwachten Geist, das in diesem Kapitel untersucht wird, verweist darauf, wie die Zen-Erleuchtung eine sozial engagierte Spiritualität begründen kann, die wiederum einen Menschen dazu zu befähigen vermag, sich erfolgreich auf die Welt der leidenden Wesen einzulassen und nach Möglichkeiten Ausschau zu halten, mit ihnen zur Befreiung zu gelangen.

Das dritte Kapitel, »Das *Herz-Sutra* über die befreiende Weisheit«, enthält eine Interpretation des *Herz-Sutra*, eines kurzen buddhistischen Textes, der in Zen-Meditationshallen auf der ganzen Welt regelmäßig rezitiert wird, als eine Möglichkeit, die Zen-Erleuchtungserfahrung zu artikulieren. In der Geschichte des Mahayana-Buddhismus genoss das *Herz-Sutra* stets hohes Ansehen als prägnante Formulierung des

Wesens, der Struktur und des »Inhalts« der Erleuchtung des Buddha – und der Wirklichkeit an sich. Seine zentrale Botschaft steckt in der Formulierung »Form ist nichts anderes als Leere, Leere ist nichts anderes als Form«. Ich befasse mich mit der praktischen Dimension dieser Formulierung. Der erste Teil dieses Abschnitts widmet sich der Ursache unseres Leidens, nämlich dem Festhalten an endlichen Wirklichkeiten der »Form«, und der Quelle unserer Befreiung vom Leiden, wenn wir die Leere jeder Form erkennen. Der zweite Teil schildert eine Rückkehr zu diesen endlichen Wirklichkeiten, die frei von jeder Bindung ist. Dies ist die Rückkehr des Bodhisattva in diese Welt des Leidens, und zwar mit einem Herzen voller Mitgefühl, das alle Lebewesen einschließt.

Das vierte Kapitel, das sich mit dem Geheimnis des Leidens beschäftigt, untersucht ein berühmtes Koan von Meister Yunmen, das im *Bi-Yän-Lu*, den *Aufzeichnungen des Meisters vom Blauen Fels*, steht: »Jeder Tag ist ein guter Tag.« Gewöhnlich ist die Behandlung eines Koan den Gesprächen unter vier Augen zwischen einem Zen-Schüler und einem qualifizierten Zen-Lehrer vorbehalten, aber diese offene Behandlung eines bestimmten Koan kann vielleicht erläutern, was das »Arbeiten mit einem Koan« eigentlich bedeutet, ohne dabei Dinge zu enthüllen, die nur mündlich weitergegeben werden sollten.

Das fünfte Kapitel interpretiert Hakuins »Preisgesang des Zazen«, ein besonders in Rinzai-Zen-Zirkeln beliebtes Werk. Die Beschäftigung mit dem, was Hakuin gemeint hat, wird uns an christliche Themen erinnern. Die erste Zeile des Gedichts und sein zentrales Thema, nämlich »Alle Geschöpfe sind im Grund Buddha«, formuliert den Inhalt des Großen Glaubens (oder Großen Vertrauens), der zusammen mit dem Großen Zweifel und dem Großen Entschluss eine Dreifaltigkeit bildet, die als Schlüssel zur Verwirklichung der Erleuchtung dient.

Das sechste Kapitel, »Der erleuchtete Samariter«, enthält die Zen-Interpretation einer Geschichte aus dem Neuen Testament, nämlich des bekannten Gleichnisses vom guten Samariter. Sie sucht die mit dieser Geschichte verbundenen moralistischen Stereotypen zu überwinden und will ihre Botschaft einer erleuchteten Daseinsform darlegen und zeigen, wie diese mit einem Leben voller Mitgefühl in dieser Welt zusammenhängt.

Das siebte Kapitel untersucht die vier Gelübde des Bodhisattva. Es erläutert, was diese Gelübde für eine Lebensweise bedeuten, die durch ein Fühlen und Denken charakterisiert ist, das alle Geschöpfe umfasst und aktiv für ihre Befreiung eintritt. Dies ist ein weiterer klassischer Ausdruck für einen erwachten Geist und ein mitfühlendes Herz, Stützpfeiler einer sozial engagierten Spiritualität und Weltanschauung.

Das achte Kapitel befasst sich mit dem Bodhisattva Kanzeon, »Der die Schreie der Welt erhört«, auch Kannon genannt oder Guanyin auf Chinesisch und Avalokiteshvara auf Sanskrit. In Kanzeon finden wir eine starke Inspiration für ein buddhistisches soziales und ökologisches Engagement – in vielerlei Hinsicht eine Parallele zur Gestalt der Maria in der christlichen Tradition.

Das letzte Kapitel stellt kurz dar, wie die Zen-Praxis, in deren Mittelpunkt die Einstimmung auf den Atem steht, zentrale Themen einer engagierten christlichen Spiritualität widerspiegelt. Besondere Aufmerksamkeit gilt dabei der Beziehung zwischen der Zen-Praxis und der Erfüllung der Mission Jesu, denen, die nicht sehen können, das Licht zu bringen und die Armen und Unterdrückten dieser Erde zu befreien (Lukas 4,16–30).

Der Anhang enthält die Wiedergabe eines Gesprächs, das ich mit Koun Yamada Roshi und Pater Hugo Enomiya-Lassalle, S.J., führte, zwei spirituellen Giganten, die zwar inzwischen verstorben sind, aber dennoch für den Autor weiterhin eine Quelle der Inspiration bilden. Die Fragen, die in dieser Unterhaltung mit den beiden Zen-Meistern – der eine Buddhist, der andere Christ – angesprochen wurden, hängen aufs Engste mit den zentralen Themen dieses Buches zusammen.

1 Die Schau ins eigene wahre Wesen

Wie ein Christ Zen erlebt

MEINE ERSTE BEGEGNUNG MIT ZEN hatte ich im Frühjahr 1971, ein knappes Jahr, nachdem ich von den Philippinen nach Japan gekommen war. Ein japanischer Freund lud mich ein, an einem Zen-Retreat teilzunehmen (dem so genannten *sesshin*, wörtlich »Sammlung des Herz-Geistes«), die im Engakuji, einem Rinzai-Tempel in Kita-Kamakura, stattfinden sollte. Neugierig und fasziniert ließ ich mich auf diese viertägige Klausur ein, die von rigoroser Disziplin geprägt war. Man stand um 3 Uhr morgens auf und meditierte bis 10 Uhr abends in striktem Schweigen, das nur von den Klängen von Glocken und hölzernen Klappern und den lautstarken Ermahnungen zur Aufmerksamkeit seitens der älteren Mönche unterbrochen wurde. Während dieser Zeit saß ich vorwiegend im Lotossitz in einer großen Halle und richtete meine Aufmerksamkeit auf meinen Atem.

Am Ende taten mir die Beine weh, und der Rücken schmerzte von den Schlägen des »Erweckungsstocks« der Trainer-Mönche, dem so genannten *keisaku* oder *kyosaku*, was wörtlich so viel wie »Warngerät« heißt. Doch meine erste Klausur war eine beeindruckende und aufregende Erfahrung, die mir Appetit auf mehr machte.

Zum Glück praktizierte mein damaliger Jesuitenoberer,

Father Thomas Hand, S.J., ebenfalls Zen, und er machte mich auch mit Koun Yamada bekannt, dem Roshi (Zen-Meister), der für die Gemeinde der Laien verantwortlich war, die an den Sitzmeditationen im San-un-Zendo in Kamakura teilnahmen.

Als mich der Roshi bei meiner ersten Begegnung mit ihm *(dokusan)* fragte, warum ich mich auf diese Zen-Praxis einließe, erwiderte ich, ich würde gern die Antwort auf die Frage »Wer bin ich?« wissen. Daraufhin gab er mir das berühmte Mu-Koan für meine Zen-Praxis. Das Mu-Koan lautet:

Ein Mönch fragte Meister Chao-chou respektvoll: »Hat ein Hund wirklich Buddha-Natur oder nicht?« – Chao-chou sagte: »Mu.«

Dann wurde ich angewiesen, alle Gedanken an den Hund oder an die Buddha-Natur außer Acht zu lassen und mich nur an Chao-chous Erwiderung zu halten und sie mit jedem Ausatmen zu wiederholen, während ich gegenüber der Wand im Zazen saß. Halte dich an dieses Mu, erklärte mir der Roshi. Komm immer wieder darauf zurück, und lass es dich bis in den Schlaf hinein begleiten.

Nur ein paar Wochen danach, und zwar mitten in meiner intensiven täglichen Zazen-Praxis, wurde ich von einem Erlebnis wie von einem erderschütternden Blitzschlag getroffen. Ich brach in Gelächter aus und weinte gleichzeitig Tränen der Freude. Der Eindruck dieses Erlebnisses hielt noch mehrere Tage an. Yamada Roshi, der mir die üblichen Prüfungsfragen nach einer Kensho-Erfahrung stellte, bestätigte später während des Dokusan, dies sei ein echtes Kensho, eine Zen-Erleuchtungserfahrung gewesen. Auch Hakuun Yasutani Roshi, sein Vorgänger und Lehrer, der damals zu Besuch in Kamakura war, bekundete dies in einem anderen Gespräch und war zufrieden mit meinen Antworten auf seine Fragen nach dem

Charakter der Erfahrung, von der ich berichtete. Der Vorfall, erklärten mir diese Lehrer, markiere meinen formellen Eintritt in die Welt des Zen. Gefördert durch weiteres Sitzen und durch jahrelange zusätzliche Koan-Praxis, vertiefte sich diese anfängliche Erfahrung immer mehr und erhellte meine ganze Existenz bis in alle Einzelheiten.

Aber wie soll ich diese Erfahrung beschreiben? Kensho beschreiben zu wollen ist so vergeblich wie der Versuch, den Geschmack von grünem Tee zu vermitteln. Am sinnvollsten ist es, wenn ich nur auf eine heiße Tasse Tee zeige und andere auffordere, selbst zu trinken und zu schmecken.

Genauso wenig ist die wahre Botschaft der Evangelien eine bloße Beschreibung einer konkreten Situation, sondern vielmehr eine Aufforderung, herauszufinden und zu erkennen, was der Herr vermag – »Kommt her und schauet die Werke des Herrn« (Psalm 46,9). Die Worte und Begriffe der Evangelien dienen im besten Sinn als Einladung zu einer lebendigen Begegnung mit der göttlichen Gegenwart mitten im Herzen unserer Menschlichkeit.

In den Einführungsgesprächen für potenzielle Zen-Adepten erfährt man von den drei Früchten des Zen. Es sind die Entwicklung der Konzentrationskraft oder Samadhi (Joriki), das Erlangen der Erleuchtung oder des Erwachens (Kenshogodo) und die Manifestation der Erleuchtung im Alltagsleben (Mujodo-no-Taigen). Die Disziplin des Sitzens und einfach seine Aufmerksamkeit dem eigenen Atem zu widmen bringt auf natürliche Weise die erste Frucht hervor, wenn man in der Lage ist, seine ganze Existenz im Hier und Jetzt jedes Atemzugs zu »zentrieren« und dabei alle mentalen, emotionalen, psychischen und anderen Elemente zu vereinen, die unsere Persönlichkeit ausmachen und ansonsten in unserem gewöhnlich hektischen Alltagsleben auseinander zu fallen drohen. Eine verbesserte Konzentrationskraft ist ein natürliches Ergebnis von disziplinierter Aufmerksamkeit und Bewusstheit, im Sitzen ebenso wie in den Aktivitäten des täglichen Lebens. Wer Zazen über einen beträchtlichen Zeitraum hinweg praktiziert, neigt zu einer größeren Integrationsfähigkeit im Leben, bringt sozusagen die Teile zusammen, im Sinne eines Ganzen, das auch etwas Gesundes ist.

Diese Integrationsfähigkeit und die Entwicklung der Konzentration sind die Bedingungen für das, was im Zen wahrhaft entscheidend ist: die Erleuchtungserfahrung. Die Erleuchtung wird natürlich nicht allein dadurch erlangt, dass man viel Zeit mit der Sitzpraxis verbringt, auch wenn dieses Sitzen gewiss hilfreich ist. Um es mit einem christlichen Begriff zu formulieren: Kensho lässt sich nur als ein wunderbares Werk der Gnade bezeichnen. Wir können diese Erfahrung nicht durch unser Bemühen herbeiführen, sondern uns nur darauf vorbereiten, dass dieses Ereignis der Gnade eintritt, indem wir gewissenhaft Zazen praktizieren, uns auf unsere Atmung konzentrieren und uns auf das Hier und Jetzt einstimmen.

Doch auch jahrelanges Sitzen und disziplinierte Praxis garantieren noch nicht die »Ergebnisse« als solche. Ähnliche Erfahrungen können und werden auch Menschen machen, die noch nie formell die Sitzmeditation des Zen absolviert haben. Gott in seiner absoluten Freiheit vermag Abraham aus Steinen Kinder zu erwecken, wie es im Neuen Testament heißt (Matthäus 3,9). Uns allen kann zur rechten Zeit diese Gnade zuteil werden – und wir können uns allenfalls darauf vorbereiten, indem wir uns bemühen, so viele Hindernisse zu beseitigen, wie es uns Menschen möglich ist.

Zuweilen wird die Erleuchtungserfahrung durch folgendes Bild veranschaulicht: Das noch in der Eierschale eingeschlossene Küken versucht herauszukommen, indem es mit seinem kleinen Schnabel von innen gegen die Schale pickt. In einem günstigen Augenblick pickt dann die Mutterhenne gegen die Schale von außen – und siehe da, die Schale zerbricht, und das

Küken gelangt ans Licht! Das einzelne rechtzeitige »Picken« eines Zen-Meisters genügt, uns von unserer fundamentalen Ich-Bindung zu befreien.

Dann machen wir uns daran, unser Leben nach der Zen-Disziplin auszurichten – sobald die Schale aufgebrochen ist, muss das Küken den Prozess fortsetzen, ein ausgewachsenes Huhn zu werden. Die dritte Frucht des Zen wird damit als die Personalisierung der Erleuchtungserfahrung in unserem täglichen Leben umschrieben, wenn wir dafür sorgen, dass sie alle Ecken und Winkel unserer Alltagswelt erleuchtet. Der Durchbruch zur anfänglichen Erfahrung lässt sich etwa damit vergleichen, dass wir einen Schlüssel bekommen, um das erste Koan zu öffnen, und dann feststellen, dass er ein Generalschlüssel ist, der auch alle anderen Türen öffnet. Die weitere Arbeit mit Koans führt dazu, dass wir lernen, mit diesem Schlüssel andere Türen zu öffnen, vor die wir in einem aufregenden Entdeckungsprozess gelangen, der uns immer tiefer in das Geheimnis unseres wahren Wesens, in das Geheimnis des Universums eindringen lässt. Und doch ist die Koan-Praxis auch ein Prozess, der uns immer weiter dorthin zurückkehren lässt, wo wir von Anfang an immer schon gewesen sind.

Ich muss allerdings zugeben, dass ich einen gewissen Vorsprung hatte, als ich mit der Zen-Praxis begann. Ich war in die geistlichen Übungen des Ignatius eingeführt worden, als ich Anfang der Sechzigerjahre des vorigen Jahrhunderts der Gesellschaft Jesu beitrat. Während meines Noviziats auf den Philippinen hatte ich das Privileg genossen, mich den dreißigtägigen Exerzitien zu unterziehen. Dies war meine formelle Einführung in die jesuitische Spiritualität und in eine Lebensweise, zu der täglich eine Stunde des meditativen Schweigens ebenso wie alljährlich eine achttägige spirituelle Praxis in der Tradition des Ignatius gehörten. Viele Jahre, bevor ich mit Zen begann, war ich an diese Lebensweise gewöhnt gewesen.

Allerdings legen die jesuitischen Exerzitien, besonders während des Anfangsstadiums, großen Wert auf das diskursive Denken im Rahmen der theologischen Begriffsfindung und Reflexion.

Als ich dann zur Zen-Praxis kam und mir erklärt wurde, ich solle mich von solchen Begriffsfindungen und mentalen Anstrengungen frei machen und einfach dasitzen und mich auf meinen Atem konzentrieren, da wurden die Fenster meines Wesens aufgetan, und wunderbar frische Luft strömte herein. Das war für mich der lebendige Atem Gottes, der die Erde wieder erschafft und alle Dinge neu macht. Theologische Ideen sind nichts weiter als Bilder, etwa von einem köstlichen Happen eines süßen Kloßes, bei dem einem zwar vielleicht das Wasser im Mund zusammenläuft, der aber niemals einen hungrigen Magen füllen kann. Die Zen-Praxis fordert uns auf, das Bild beiseite zu legen, den Kloß zu nehmen und herzhaft hineinzubeißen.

Als ich an dem Mu-Koan arbeitete, das zu meiner Kensho-Erfahrung führte, neigte ich zunächst dazu, an es mit einer ausgeklügelten intellektuellen Gymnastik heranzugehen, denn schließlich war ich ja während meiner jesuitischen Ausbildung in Philosophie trainiert und außerdem ziemlich wissbegierig. Der ursprüngliche Kontext des Koan besteht einfach in einer negativen Antwort von Chao-chou auf die Frage des Mönchs: »Nein, lieber Mönch, ein Hund hat keine Buddha-Natur.«

Aber das widerspricht natürlich der fundamentalen buddhistischen Doktrin, die die Existenz der Buddha-Natur (der ursprünglichen oder »wesentlichen« Natur) aller Lebewesen bejaht, also auch der von Hunden und Katzen, Salamandern und Kakerlaken. Außerdem bedeutet das Wort Mu auch »nichts«. Und damit brachte das Koan mich dazu, über den Begriff des »Nichts« oder des »Nicht-Seins« »nachzudenken«, und unweigerlich musste ich über diese Vorstellung sowohl während als auch außerhalb meiner Zen-Sitzungen philosophieren.

Zufällig las ich in dieser Zeit, da ich meine Zen-Praxis mit dem Mu-Koan begonnen hatte, ein Buch auf Japanisch von dem berühmten Philosophen der Kyoto-Schule Nishitani Keiji, das später in englischer Übersetzung unter dem Titel *Religion and Nothingness* erschien. Dieser Lektüre verdankte ich den wertvollen Hinweis, dass dieses Mu nicht das Gleiche ist wie der Begriff des »Nichts« oder des »Nicht-Seins«, der ja schlicht das Gegenteil von »Sein« ist. Ich begann zu erkennen, dass Chao-chous Mu über diesen Dualismus hinausgeht: Es ist weder »etwas« noch »nichts«, und es ist jenseits von »Sein« und »Nicht-Sein«.

Daher gab ich in meinem Zazen meine mentalen Bemühungen auf, die damit verbundenen Begriffe zu analysieren, und saß einfach – ich hatte die Beine verschränkt, hielt den Rücken gerade, regulierte meinen Atem und konzentrierte beim Ausatmen mein ganzes Wesen auf dieses Mu. In unseren Gesprächen ermutigte mich Roshi, mit dem Mu »eins zu werden«, »völlig aufzugehen« in ihm (*botsunyu*, wörtlich »sich verlieren und eintreten«). Mu und nur Mu. Mu mit jedem Atemzug. Ebenso Mu mit jedem Schritt, jedem Lächeln, jeder Berührung, jeder Empfindung.

Und genau diese geistige Verfassung löste jene explosive Erfahrung aus, die mein ganzes Wesen erleuchten würde – ja, das ganze Universum!

Diese Erfahrung veränderte mein Verhältnis zu bestimmten christlichen Lehren, etwa der »Doktrin« der *creatio ex nihilo*, der Schöpfung aus dem Nichts.

Im Lichte des Kensho ist die *creatio ex nihilo* für mich nicht mehr bloß ein philosophischer oder theologischer Begriff oder eine Doktrin, die nichts weiter aussagt als: »Es war einmal nichts, und dann kam etwas«, oder dies mit irgendeiner anderen vereinfachenden Formulierung ausdrückt. Nun erblickte ich darin einen ganz suggestiven Ausdruck eines allgegenwärtigen Erstaunens darüber, dass jeder Atemzug, jeder Schritt, jedes Lächeln . . ., jedes Blatt, jede Blume, jeder Regentropfen buchstäblich als *nichts* als das von Gnade erfüllte Geschenk der unendlichen und ewig fließenden göttlichen Liebe verwirklicht werden!

Mit anderen Worten: Alles im gesamten Universum – Blätter, Steine, Berge, alle Lebewesen – ist einfach und ursprünglich *nichts* anderes als das freiwillige Geschenk aus einer göttlichen Quelle, jeden Augenblick zum Dasein erweckt durch das Wort, den Logos, von dem es im Neuen Testament heißt: »Alle Dinge sind durch dasselbe gemacht, und ohne dasselbe ist nichts gemacht, was gemacht ist« (Johannes 1,3). Alles steht in seiner Besonderheit in einer Beziehung der absoluten Abhängigkeit von der unendlichen Quelle all dessen, was ist. Ferner existiert überhaupt nichts außerhalb dieser unendlichen Quelle all dessen, was ist. Kurz, in dieser unendlichen Quelle »leben, weben und sind wir« (Apostelgeschichte 17,28).

Wenn man erkennt, dass man angesichts dieses unendlichen Geheimnisses ein Nichts ist, wird man dadurch offen für eine Erfahrung des eigenen Nicht-Seins, die auch eine Erfahrung der göttlichen Gegenwart ist, welche dieses Nicht-Sein durchdringt, über den Begriff des »Nichts« und den des »Seins« hinaus.

In dieser Anschauung können wir die »vierfache Verneinung« von Nagarjuna erkennen, des bedeutenden Philosophen des Mahayana-Buddhismus aus dem 2. Jahrhundert: »Es« ist weder Sein noch Nicht-Sein, weder sowohl Sein als auch Nicht-Sein, noch weder Sein noch Nicht-Sein. Wenn wir es so »sehen«, schauen wir in das eigene wahre Wesen, das eigene ursprüngliche Wesen oder, im Sinne von Chao-chous Mu, die eigene »Buddha-Natur«.

Christlich gesprochen können wir unser ursprüngliches

Wesen vielleicht unsere *Christus-Natur* nennen. Eine Passage aus dem Epheserbrief formuliert es so: Gott hat uns in Christus »erwählt, ehe der Welt Grund gelegt war, dass wir heilig und untadelig vor ihm sein sollten« (Epheser 1,4). Wir können daher von unserer »Christus-Natur« als unserem grundlegendsten Wesen sprechen, das seit der Erschaffung der Welt oder sogar schon davor existiert. Oder, um es mit den Worten eines anderen Zen-Koan zu formulieren: Die Christus-Natur ist »unser ursprüngliches Gesicht, bevor unser Vater und unsere Mutter geboren waren«.

Ein philosophisches Räsonieren über die *Vorstellung* von der Buddha-Natur oder vom ursprünglichen Gesicht würde ihren Sinn verfehlen, ebenso wie ein Räsonieren über die theologischen Implikationen der »Bedeutung« der *Christus-Natur* oder der Doktrin der *creatio ex nihilo*. Vielmehr sollen wir unsere Kochbücher oder Speisekarten beiseite legen und schlicht allein »schmecken und erkennen«.

Ich erinnere mich an eine katholische Nonne, die während eines Zen-Retreats eine so tiefgründige Erfahrung machte, dass sie in Tränen ausbrach. Die Worte, die aus der Tiefe aufstiegen, begleitet von nicht enden wollenden Tränen der Freude, lauteten: »Ich bin unschuldig.« Ihr wurde in der Tat ein Blick auf ihr »ursprüngliches Wesen« geschenkt, als sie in der Lage war, diesen Bereich des »Heiligen und Untadeligen« in ihrer Praxis des stummen Sitzens zu erfahren.

Die Zen-Erleuchtung lässt sich auch als eine Erfahrung des »Sterbens des alten Selbst« und als Wiedergeburt in ein völlig neues Leben bezeichnen. Dem Christen ermöglicht dieses Ereignis, das Ostermysterium von Christi Tod und Wiederauferstehung zu erfahren (Römer 6,3–4; Kolosser 2,12; Philipper 3,10; Petrus 3,18–22), und zwar *in unserem eigenen Leib*. Das neue Leben in Christus zu leben (2. Korinther 5,15,17) heißt, am göttlichen Leben in uns selbst teilzuhaben. Aus den Tiefen unseres Wesens können wir mit Paulus wahrhaft ausrufen: »Ich lebe, doch nun nicht ich, sondern Christus lebt in mir« (Galater 2,20).

Wenn man in dieser Dimension lebt, erkennt man, was es heißt, als der »Leib Christi« zu leben, das Leben demselben Atem, demselben Geist zu verdanken: »So sind wir viele ein Leib in Christus, aber untereinander ist einer des andern Glied« (Römer 12,5). Diese Erkenntnis hat ungeheure Auswirkungen auf die sozialen, kulturellen, politischen und wirtschaftlichen Regionen unseres Lebens, denn nun gibt es niemanden und nichts mehr, der und das kein wesentlicher Teil unseres wahren Selbst ist. Wenn wir uns darüber im Klaren sind, erkennen wir, wie es der moderne Weise Krishnamurti formuliert hat, dass wir nämlich die Gesamtheit dessen sind, was die Welt ist – und umgekehrt: Die Welt ist die Gesamtheit dessen, was wir sind. Genauso wie der Schmerz in meinem kleinen Finger von meinem ganzen Körper verspürt wird, *muss* ich mich einfach mit all dem befassen, was in unserer Welt geschieht, mit allem Schmerz, allem Leiden und allen Schreien der Qual von so vielen Lebenwesen. Sie sind *mein Schmerz* und *mein Leiden*.

Aus der Erkenntnis der eigenen »Christus-Natur« folgt, dass das »alte« Selbst stirbt – dass all unsere ums Ich kreisenden Bindungen sterben und dass wir zu einem neuen Leben »in Christus« wiedergeboren werden. Diese Wiedergeburt wirkt sich konkret auf Entscheidungen aus, die unsere Lebensweise betreffen, auf unsere Werte, unsere besonderen Vorlieben in dieser Existenz zu dieser Zeit und an diesem Ort in der Geschichte. Oder, um es mit den Worten des heiligen Ignatius von Loyola auszudrücken: Diese Wiedergeburt heißt, »arm zu sein, weil Christus arm war, verachtet zu sein, weil Christus verachtet war«.

Ein immer tieferes Verständnis unserer »Christus-Natur« lässt sich erlangen, wenn wir das Leben Jesu betrachten, des Einen, in dem »alle Fülle wohnen sollte« (Kolosser 1,19).

Während wir über das Leben Jesu nachsinnen, wird uns sein Erleben körperlich offenbart. Dies ist eine Form der spirituellen Praxis, wie sie von Ignatius für die zweite Phase (die zweite Woche) seiner Exerzitien empfohlen wird, nach der ersten Phase der Läuterung. Sich kontemplativ auf das Leben Jesu von Nazareth einzulassen heißt, dieses Leben als ein göttliches Offenbarungsereignis zu verstehen, als Archetypus und Vorbild für das eigene Leben, indem man die totale Einheit mit Christus mit der Totalität des eigenen Wesens zu erfahren sucht. Das bedeutet, dass man den Weg geht, den Jesus ging, und die gleichen grundlegenden Entscheidungen trifft, die er traf. Es bedeutet auch, dass man das eigene Leben als dem Atem geöffnet lebt, indem man das Evangelium den Armen verkündet, den Gefangenen predigt, dass sie frei sein sollen, und den Blinden, dass sie sehen sollen, und den Zerschlagenen, dass sie frei und ledig sein sollen (Lukas 4,18–19).

Wer diese Christus-Natur als seine eigene annimmt, stellt sein Leben mit Jesus an die Seite der Armen, der Unterdrückten dieser Erde im konkreten Bereich der irdischen Existenz, indem er die Botschaft der Befreiung und Erlösung verkündet und die Folgen dieser Botschaft auf sich nimmt, wie Jesus es tat.

Wenn man also erfährt, dass man mit allen Lebewesen »eins in Christus« ist, bedeutet das nicht nur ein Einssein im Essen und Trinken, im Lachen und Weinen mit allen fühlenden Wesen, sondern auch eine konkrete Erfahrung von Solidarität mit den Leiden aller Lebewesen in dieser historischen Existenz. Dies ist die Solidarität, die Jesus Christus selbst am Kreuz mit den Leiden der ganzen Menschheit übernahm.

Sich auf das Kreuz Christi zu besinnen, eine seit langem existierende Form des christlichen Gebets und der spirituellen Praxis, ist kein sadistisches oder masochistisches Unterfangen, das den Anblick des Leidens genießt. Vielmehr befähigt es einen, sich einer spirituellen Erfahrung zu öffnen, nämlich sich auf das ganze Leiden der Menschheit einzulassen, wie Christus es am Kreuz tat. Es ist auch eine Aufforderung, sich mit den konkreten Möglichkeiten zu identifizieren, wie Lebewesen leiden oder in unserer heutigen Zeit dazu gebracht werden zu leiden – die Armut und den Hunger, die Not und das Elend, die Diskriminierung und die Unterdrückung, die verschiedenen Formen der strukturellen, physischen und sonstigen Gewalt zu betrachten, die dieses heilige Geschenk des menschlichen Lebens entweihen.

Eins sein mit diesem Leiden und Tod Christi am Kreuz heißt auch, eins zu sein im neuen Leben als der Auferstandene. Diese Solidarität mit leidenden Männern und Frauen und Kindern auf der ganzen Welt ist die Quelle der Energie, die uns dazu befähigt, ganz aufzugehen in den speziellen Aufgaben der Befreiung von Menschen in speziellen historischen Zusammenhängen. Somit vermittelt uns die Besinnung auf den Auferstandenen die Vorstellung, dass all dies Leiden nicht vergebens ist, dass nicht alles in Niederlage und Verzweiflung endet, sondern in Verherrlichung und Triumph. Gerade hier, mitten in der scheinbaren Niederlage und Verzweiflung, erblicken wir die Herrlichkeit. Und so erklärt Jesus am Kreuz dem Dieb neben ihm: »Wahrlich, ich sage dir: Heute wirst du mit mir im Paradies sein« (Lukas 23,43).

Wenn man seine eigene wahre Natur schaut, erfährt man das Mysterium, das über die Breite und die Länge und die Höhe und die Tiefe (Epheser 3,18–19) mit unermesslichen Schätzen (Kolosser 2,2–3, Römer 11,33) hinausgeht.

Nachdem der Zen-Praktizierende die torlose Schranke der anfänglichen Erleuchtungserfahrung passiert hat, wird er von einem im Gebrauch von Koan ausgebildeten Zen-Meister weiter in der Koan-Praxis unterwiesen. Diese weitere Koan-Praxis befähigt einen dazu, damit fortzufahren, die Tiefen und die Höhen der Welt der Erleuchtung zu ergründen, wenn man das Mysterium im eigenen konkreten Alltagsleben inkarniert. Jeder Gedanke, jedes Wort und jede Handlung werden dann sein konkreter Ausdruck. Sitzen, Gehen, Tee trinken, niedere Tätigkeiten verrichten, sein Gesicht waschen, die Sterne betrachten, mit einem Freund reden – alles wird genau dann von einer Fülle überflutet, wenn man in jedem Gedanken, jedem Wort, jeder Handlung von sich selbst leer wird.

Kurzum: Die Zen-Erleuchtung führt einen nicht in eine Welt der euphorischen Zufriedenheit und der stoischen Distanziertheit, wie man sich das vielleicht vorstellt. Zen ist keine spirituelle Praxis, die einen vor der Wirklichkeit dieser Welt abschirmt, um einem einen friedlichen und sicheren Zufluchtsort im eigenen kleinen Selbst zu bieten. Vielmehr geht die Zen-Erleuchtung mit einer Bereitschaft einher, sich mitten ins Herz der Welt zu stürzen, in Solidarität mit allen Freuden und Hoffnungen, Schmerzen und Leiden, dem Blut, dem Schweiß und den Tränen aller fühlenden Wesen – und zwar gleich hier und jetzt.

2 Leere und Fülle

»KANNST DU MIR MIT EINEM WORT SAGEN, was Zen für dich ist?«, fragte mich jemand, der gehört hatte, dass ich mich auf die Zen-Praxis eingelassen hatte. Eigentlich hätte die treffendste Antwort, die ich hätte geben können, lauten müssen: »Guten Abend« oder »Wie geht's denn deiner Frau heute?« oder »Lass uns einen Kaffee trinken.« Oder sogar: »Nun ja . . .«

Und allem Anschein zum Trotz hätte ich mich damit gar nicht einmal vor einer Antwort auf die ernsthafte Frage meines Freundes gedrückt. In jeder dieser Antworten, gerade in ihrer Konkretheit und Kargheit, manifestiert sich vollkommen die unerschöpfliche Wirklichkeit, die Zen uns allen auftut. Und doch gibt es zugleich kein Wort, das sich dieser Wirklichkeit auch nur anzunähern vermag. Wörter sind in ihrem konventionellen Sinn bloß Zeichen, die das, was sie vermitteln wollen, niemals völlig erfassen können – ein Umstand, den wir selbst dann im Auge behalten müssen, wenn wir den aneinander gereihten Wörtern in diesem Buch folgen!

Doch dieser Warnung eingedenk möchte ich eine weitere Antwort auf die eingangs gestellte Frage wagen. Es ist eine sehr provisorische Antwort: Zen ist, für mich, in einem Wort einfach »*Leeren*«.

Ich möchte nun versuchen darzulegen, was mit diesem Wort gemeint ist. Ich bitte den Leser um Nachsicht dafür, dass ich mich – aus Sicht des Zen – auf eine »vulgäre Ausdrucksweise« einlasse, das heißt, mit einer begrifflichen Sprache das zu beschreiben versuche, was sich im Grunde niemals auf einen Begriff reduzieren lässt. Denn häufiger vermag diese Art von Sprache die Dinge eher zu verbergen als zu offenbaren.

In unserem Alltagsleben entdecken wir, dass unser bewusstes Selbst von vielen Dingen »erfüllt« ist – von Erinnerungen an den gestrigen Tag oder an das vorige Jahr, die ebenso bitter wie angenehm sind; von Plänen für morgen oder unseren nächsten Urlaub; von Gedanken an großartige Projekte und niedere Tätigkeiten; von Sorgen um unsere Beziehungen zu unserer Familie, um den strengen Lehrer an der Schule, um den verständnislosen Boss im Büro oder darüber, wie wir über die Runden kommen werden. Außerdem erfüllen die Medien unser Denken mit Bildern, die ebenso reichhaltig wie trivial sind: Bildern über die Verbrechensrate, die wirtschaftliche Lage, das bevorstehende Sportereignis, den Film oder das Buch, über den oder das alle reden, und so weiter. All diese Elemente erheischen unsere Aufmerksamkeit und zerren uns in viele verschiedene Richtungen.

Während unser bewusstes Denken von diesen Dingen, diesen unvermeidlichen Elementen in unserer Alltagswelt erfüllt ist, überkommt uns zuweilen das Gefühl, dass es unvollkommen, oberflächlich und unbefriedigend ist, wenn wir unser Leben »bloß« auf dieser Ebene leben. Und derartige Gewissensbisse veranlassen uns, die Qualität eines auf dieser Bewusstseinsebene geführten Lebens in Frage zu stellen. Sie lassen uns fragen, ob es nicht vielleicht eine tiefere Dimension in uns gibt, derer wir uns bislang nicht bewusst gewesen sind, geschweige denn, dass wir uns für sie interessiert hätten.

Wenn wir uns derartige Fragen stellen, suchen wir die Antworten möglicherweise in der Lektüre von psychologischen

Werken und Ratgeberbüchern. Und diese Antworten können uns natürlich hilfreiche Erkenntnisse über unser Leben in unseren Beziehungen zu anderen und in unseren emotionalen Hochs und Tiefs vermitteln, in unseren tief sitzenden Ängsten und Unsicherheiten ebenso wie in unserem Bedürfnis nach gefühlsmäßiger Unterstützung und in unserem Wunsch, unsere Gefühle angemessen zum Ausdruck zu bringen. Manche dieser Bücher können uns auch auf eine andere Bewusstseinsebene verweisen, die es zu erkunden gilt, das »Unbewusste«, in dem unsere Träume, unsere sehnlichsten Hoffnungen, unsere unterdrückten Vorbehalte und Konflikte wohnen. Vielleicht erklären sie uns auch, wie wir solche Konflikte überwinden, wie wir unbewusste Spannungen in uns lösen, wie wir uns und andere akzeptieren können, und so weiter.

Und so wird denn die bewusste wie die unbewusste Ebene dessen, was wir unser »Selbst« nennen, von so vielen Dingen erfüllt, die unsere Existenz in unvereinbare Elemente aufteilen – und dennoch entdecken wir, dass wir uns nach einer Ganzheit sehnen, die diese Elemente vereinen und uns dazu befähigen würde, das Leben als sinnvoll und lebenswert, freudvoll und schön zu erleben.

Wo sollen wir nun diese Ganzheit und diesen inneren Frieden suchen, nach denen sich unser ganzes Sein sehnt, »wie der Hirsch lechzt nach frischem Wasser« (Psalm 42,2)?

Die buddhistische Tradition erklärt uns – und das hat sie mit vielen anderen Weisheitstraditionen der Welt gemein –, dass das, wonach wir suchen, nicht außerhalb von uns zu finden ist. Unser Sehnen wird nicht durch die Befriedigung eines materiellen Bedürfnisses, durch diese oder jene angenehme Empfindung, durch diese oder jene philosophische Idee, so erhaben sie auch sein mag, durch diese oder jene religiöse oder theologische Vorstellung erfüllt.

Was wir tief in unserem Herzen eigentlich suchen, lässt sich nicht dadurch finden, dass wir nach »draußen« schauen.

In seiner Koan-Sammlung *Wu-men-kuan (Die Schranke ohne Tor)* zitiert Wu-men, ein chinesischer Zen-Meister aus dem 13. Jahrhundert, die Aussage eines anderen Zen-Meisters: »Was durch das Tor eingeht, ist nicht der Schatz des Hauses.« Daher kann nichts, was »von außen« zu uns gelangt, jemals zu unseren kostbaren Besitztümern gezählt werden. Mit anderen Worten: Nur ein Erbstück, das uns von unseren ureigenen Ahnen überkommen ist, wird im Laufe der Jahrhunderte geschätzt und weitergegeben. Und tatsächlich ist unser wahrer Schatz, das, was das Neue Testament »eine kostbare Perle« (Matthäus 13,46) nennt, im Acker unseres Selbst verborgen und noch unentdeckt. Daher sind wir dazu aufgerufen, ihn auszugraben und ihn (und uns selbst) ans Licht zu bringen. Die Ganzheit, nach der wir suchen, stammt aus diesem Fundament, das heißt der Entdeckung des Schatzes, der in uns liegt. Und um zu diesem Schatz zu gelangen, müssen wir in die Tiefen unseres eigenen Seins eintauchen – das einzige solide Fundament, auf dem irgendeine echte Struktur errichtet werden kann. Und damit uns das gelingt, müssen wir all die Pseudostrukturen einreißen, die wir für uns aufgebaut haben, denn sie wurden auf Sand errichtet.

Diese Pseudostrukturen quälen uns mit jenem Gefühl der Hohlheit und Oberflächlichkeit und verunsichern uns. Dieses Gefühl entdeckte Hui-k'o, der Zweite Patriarch des chinesischen Zen, zu Beginn seiner Zen-Laufbahn in sich, und es brachte ihn dazu, nach Führung zu suchen und ein Schüler von Bodhidharma zu werden. Ein Koan aus dem *Wu-men-kuan* (41. Beispiel) berichtet von seiner Suche:

»Der Geist Eures Schülers hat noch keinen Frieden gefunden. Er bittet Euch, Meister, schenkt seinem Geist Frieden!«
Bodhidharma sagte: »Bring mir deinen Geist, ich werde ihm für dich Frieden schenken.«

»Ich habe meinen Geist gesucht, doch ich kann ihn nicht erreichen.«

Bodhidharma sagte: »Ich habe für dich deinem Geist endlich Frieden geschenkt.«

Bodhidharmas erste Aufforderung ist auch an jeden von uns gerichtet: Wir alle müssen mit unserem jeweils eigenen einzigartigen Temperament ernsthaft nach wahrem Geistesfrieden suchen. Aber was werden wir finden?

Bodhidharma fordert uns alle auf, zunächst einmal in uns hineinzuschauen, den Geist zu betrachten, der keinen Frieden findet, und ihn bis zu seiner wahren Quelle auszuloten, indem wir konzentriert in Zazen sitzen. Die Praxis dieses Koan geht somit mit dieser unermüdlichen Suche nach dem eigenen Geist einher, der Wurzel unserer Ängste, indem wir in die Tiefen des eigenen Seins eintauchen. Nichts anderes tun wir, vereinfacht gesagt, beim Zen-Sitzen. Im Laufe dieses Sitzens vermögen wir jene Dinge im richtigen Licht zu sehen, die wir fälschlicherweise mit unserem Selbst und unserem Selbstbild gleichgesetzt haben: unsere gesellschaftliche Position, unsere Kuscheldecken, unsere materiellen oder gar spirituellen Besitztümer, unsere natürlichen Talente und Begabungen ebenso wie unsere Mängel und Schwächen – all diese Dinge, die wir mit unserer »Identität« verbinden. Wir sind in der Lage, auf ähnliche Weise jene Dinge zu erkennen, die unseren Geist »von außen« erfüllen, die uns im Allgemeinen in unvereinbare Elemente zerteilen. Durch das Zen-Sitzen vermögen wir sie zu durchschauen und zu erkennen, dass unser innerster Kern nicht durch »äußere Elemente« verunreinigt ist. Nein, das wahre Selbst, der wahre Geist, von dem wir Besitz ergreifen müssen, fährt nacheinander durch diese Elemente und gelangt zum innersten Kern. Dies gleicht dem Schälen einer Zwiebel – wir lösen und entfernen Schicht um Schicht, bis wir an was gelangen?

Einen derartigen Prozess meine ich, wenn ich über Zen spreche.

Der Prozess kann ziemlich anstrengend sein, da wir gezwungen sind, uns mit den Pseudostrukturen auseinander zu setzen, die wir für uns errichtet haben und die uns so lieb geworden sind. Wir werden aufgefordert, sie nacheinander einzureißen, uns ihrer zu entledigen. Dies wird uns das Gefühl vermitteln, nichts mehr zu haben, woran wir uns klammern können, während wir diese Dinge eliminieren, die uns einen sicheren Halt gaben und mit denen wir uns sicher fühlten. Aber das ist nicht das wahre Selbst. Während wir uns in diesen Prozess vertiefen, von einer Negation zur nächsten gehen – »dies nicht, jenes nicht« – , was bleibt uns dann noch?

Bei der Beschäftigung mit Koans wie dem obigen mit Bodhidharma spielt der Zen-Lehrer eine wertvolle Rolle, indem er uns auf diese Pseudostrukturen hinweist, während wir Dinge vorbringen, die wir fälschlicherweise mit dem Geist gleichsetzen. »Nein, das nicht. Sitze noch etwas mehr.«

Dieser Prozess erfordert bei jedem Einzelnen unterschiedlich viel Zeit oder Praxis. Bei manchen dauert es vielleicht nur ein paar Wochen, bei anderen gleich mehrere Monate. Und bei wieder anderen kann es sogar viele Jahre brauchen. Aber erst wenn man sich einem derartigen Prozess unterzogen hat, wird man wirklich in der Lage sein, zur Wahrheit dieses Koan zu gelangen und sie sich anzueignen.

Der Schüler geht zu Bodhidharma und ruft: »Meister, ich habe mich diesem Prozess unterzogen, nach dem Geist zu suchen. Er lässt sich nicht finden.« Oder, mit Worten, die uns eher vertraut sind, könnten wir sagen: »Ich habe alles mir Mögliche getan, und es hat nicht geklappt, und nun bin ich geschafft. Ich geb's auf!« Und dann heben wir die Hände und kapitulieren.

Bodhidharmas Erwiderung kann dann eine Wende bedeuten, ein plötzlicher Auslöser für eine neue Erkenntnis sein.

Der Augenblick kommt, wenn Bodhidharmas Worte aus unseren wahren Tiefen widerhallen und wir genau wissen, was er meint, wenn er sich mit den Worten an uns wendet: »Ich habe deinem Geist endlich Frieden geschenkt.«

Wenn wir das Koan bloß lesen und seinen Inhalt intellektuell zu interpretieren versuchen, ohne uns diesem anspruchsvollen Prozess des Suchens, des mentalen Ringens und Leerens zu unterziehen, verfehlen wir seinen Sinn. Dieses Koan fordert uns auf, uns auf diesen beschwerlichen Prozess einzulassen, und das tun wir jedes Mal, wenn wir in Zazen sitzen, uns beruhigen, indem wir die Beine unterschlagen und den Rücken strecken, unseren Atem regulieren, unseren Geist auf den Punkt der reifen Konzentration fokussieren. Wir werden aufgefordert, Schüler zu werden, uns auf eine ernste Suche nach Geistesfrieden zu begeben, unermüdlich danach zu streben, auf den Grund dieses Geistes zu gelangen und Besitz davon zu ergreifen, das Unerreichbare zu erfahren. Wir werden aufgefordert, alles aufzugeben, sogar die Suche als solche! Und genau da erwartet uns die Offenbarung einer ganz neuen Welt, eines ganz neuen Universums.

Diese Aufforderung entspricht genau derjenigen, die Jesus an den reichen jungen Mann richtete, der das ewige Leben suchte: »Verkaufe alles, was du hast, und gib's den Armen, so wirst du einen Schatz im Himmel haben, und komm und folge mir nach!« (Lukas 18,22).

Jesus fordert ihn somit auf, sich all seiner lieb gewordenen Besitztümer zu entledigen und sich in ein bisher völlig unbekanntes Reich zu begeben, indem er dem Menschensohn folgt – ein Akt des totalen Leerens ist also die Vorbedingung dafür, dass er das ewige Leben, nach dem er strebt, voll und ganz erlangt. Und wer in dieses Reich eintritt, geht gleichsam durch ein Nadelöhr, und damit werden all unser überschüssiges Gepäck und unsere Bindungen, falschen Selbstbilder, Selbstwertgefühle, kritischen Gedanken und so weiter als das durchschaut, was sie in Wahrheit sind: Hindernisse, die wir überwinden müssen, um das zu erlangen, was wir suchen.

Um im Zen zu sitzen, müssen wir all unsere lieb gewordenen Besitztümer loslassen, die sich auf die Bindung an das konzentrieren, was wir normalerweise das »Selbst« nennen. Wir werden aufgefordert, all dessen Schichten zu durchstoßen, um zu seiner wahren Quelle zu gelangen und sie dem Zen-Lehrer darzubringen, damit uns Frieden geschenkt werden möge. Aber es ist natürlich nicht der Lehrer, der uns Frieden schenkt. Vielmehr ist gerade die Entdeckung dieses unerreichbaren Geistes oder der Tatsache, dass der Geist unerreichbar ist, die Quelle des Friedens. Oder um es in der Sprache des Christen auszudrücken: Dies zu erkennen ist das ewige Leben.

Aber das ewige Leben ist nicht bloß eine Verlängerung der Zeit, die kein Ende kennt, oder gar ein Zustand der Unsterblichkeit. Vielmehr ist es ein Reich, das all unsere Konzepte von Zeit, Geburt und Tod, Veränderung und Verfall zuschanden werden lässt. Es ist ein Reich, in dem all unsere vertrauten Begriffe wegfallen, da sie alle von ihrem jeweiligen Gegenteil begrenzt werden. In diesem Reich verlieren solche Vorstellungen wie Zeit und Ewigkeit, Beständigkeit und Veränderung, Ruhe und Bewegung, Universalität und Besonderheit ihre Kraft als Gegensatzpaare. In diesem Reich finden alle Gegensätze zur Konvergenz, zur Koinzidenz, und Begriffe werden als solche ihres Inhalts entleert und von ihrem jeweiligen Gegenteil aufgehoben. Und eine solche Koinzidenz (die ein Zusammenfallen und kein bloßer Zufall ist!) ist selbst kein Begriff, sondern ein Ereignis, die Erfahrung eines Reiches, das darauf wartet, entdeckt zu werden, während wir uns dem Prozess des Leerens unterziehen.

Um in diese neue Welt, in die Jesus den reichen jungen Mann einlädt und die das Himmelreich selbst ist, zu gelangen, ist dieses totale Selbstentleeren erforderlich, das zugleich ein totales Sich-selbst-Geben und eine vertrauensvolle Hingabe ist. Was da von uns verlangt wird, gleicht dem Vertrauen von Petrus, als er auf Jesu Geheiß aus dem Boot ins Wasser sprang – auch wir werden zu einem derartigen Schritt des Vertrauens aufgefordert, und wir sehnen uns danach, ihn zu tun. Erst unser Zögern, unser Räsonieren und unser berechnendes Denken – all das, was auf einen Mangel an Vertrauen hindeutet – bewirken, dass wir stecken bleiben und im Wasser versinken, genau wie Petrus in dem Augenblick, da er an der Kraft zu zweifeln begann, die ihn über Wasser hielt (Matthäus 14,28–31).

Das Himmelreich, das uns erwartet, ist immer schon da, es liegt direkt vor uns. Wenn man darüber klagt, man könne es nicht sehen, ist das genauso, als würde man über Durst klagen, wenn man mitten in frischem Wasser steht – ein Vergleich, den Hakuin, ein Zen-Meister aus dem 18. Jahrhundert, in seinem berühmten »Preisgesang des Zazen« gebraucht –, und wer es nicht zu erkennen vermag, verhält sich wie der Erbe einer reichen Familie, der herumirrt und seine eigene Herkunft vergessen hat.

Die Verweise auf das Himmelreich in der Heiligen Schrift sind daher stets vieldeutig und schwer zu fassen. Sie fordern uns auf, selbst seine konkrete Erscheinung zu entdecken. »Das Reich Gottes ist herbeigekommen. Seid verwandelt in Geist und Herz* und glaubt an das Evangelium!« (Markus 1,15). Es ist gleichzeitig verborgen und offenbar. Es ist keine Vorstellung und kein Begriff, sondern eine Wirklichkeit, die man fühlen und schmecken kann. »Wer Ohren hat, zu hören, der höre!« (Markus 4,9). Aber dazu ist es erforderlich, ganz und gar die kritischen Gedanken zu verwerfen, die den Seher

---

* Meine Übersetzung des griechischen *metanoiete*, das gewöhnlich mit »tut Buße« übersetzt wird, aber buchstäblich eine Verwandlung von Geist und Herz ist, eine Abkehr vom Egoismus und eine Hinwendung zu Gott.

und das Gesehene, den Hörer und das Gehörte trennen. »Was kein Auge gesehen hat und kein Ohr gehört hat und in keines Menschen Herz gekommen ist, was Gott bereitet hat denen, die ihn lieben« (1. Korinther 2,9). Und dieses totale Leeren ist genau deswegen ein Erkennen von Fülle – christlich gesprochen der Fülle des liebenden Gottes, die das gesamte Sein durchdringt.

Wir wollen dies nun aus einem anderen Blickwinkel betrachten. Im Hinblick auf die *Erleuchtung als Prozess* ist »Leeren« ein passender Ausdruck, der auf Bewegung verweist, auf den Eintritt in das apostrophierte Reich. Im Hinblick auf die *Erleuchtung als Zustand der Erkenntnis oder des Erlangens* ist der Begriff »Leere« höchst treffend angewandt. Aber Letzterer hat den Nachteil, dass er als bloß philosophische Vorstellung verstanden werden kann, der uns von der konkreten Zen-Erfahrung ablenkt.

Tatsächlich wird die Leere, die vielen Gelehrten als die zentrale Vorstellung der buddhistischen Philosophie gilt, von einer ganzen Reihe philosophisch-metaphysischer Annahmen begleitet, die eine besondere Einstellung zur Totalität der Wirklichkeit implizieren. Viele scharfsinnige und anregende Bücher in westlichen Sprachen befassen sich mit dieser Vorstellung der Leere (mein Lieblingsbuch ist Frederick Streng, *Emptiness: A Study in Religious Meaning*) – doch ich spreche hier nicht von Leere im Sinne eines philosophischen Diskurses, sondern für mich verweist dieser Begriff auf eine Erfahrung. Der Zen-Lehrer meines Zen-Lehrers, Yasutani Roshi, zitierte häufig einen Vers, um diese Erfahrung der Leere auszudrücken: »Ein klarer blauer Himmel, nicht das kleinste Wölkchen trübt das schauende Auge.«

Diese zwei Ansichten vom Reich – der Eintritt in es als Bewegung oder Prozess und die Tatsache, dass es erlangt ist – werden von den einander ergänzenden Gedichten der beiden Schüler des Fünften chinesischen Zen-Patriarchen Hung-jen

(601–674) dargestellt. Eines Tages habe Hung-jen seine Schüler aufgefordert, ein Gedicht zu verfassen, das ihren inneren Zustand der Erleuchtung zum Ausdruck bringe, so dass er seinen Nachfolger aus ihrem Kreis erwählen könne. Der bedeutendste Schüler, Shen-hsiu (606–706), schrieb:

Der Leib, das ist der Bodhi-Baum,
der Geist, er gleicht dem klaren Ständer-Spiegel.
Wisch ihn denn immer wieder rein,
lass keinen Staub sich darauf sammeln.

Wie es heißt, lasen alle anderen Mönche dies voller Bewunderung, habe es doch den Zen-Weg besonders gut zum Ausdruck gebracht, und daher erwarteten sie, dass Shen-hsiu die Nachfolge als neuer Lehrer antreten werde.

Als ein Küchenjunge im Zen-Kloster jedoch diese Zeilen erblickte, verfasste er folgendes Gedicht:

Im Grunde gibt es keinen Bodhi-Baum,
noch gibt es Spiegel und Gestell.
Da ist ursprünglich kein (einziges) Ding
wo heftete sich Staub denn hin?

Hung-jen staunte über dieses Gedicht, und der Küchenjunge, der damit seinen Zustand der Erleuchtung demonstrierte, wurde dann geheim zu seinem Nachfolger erwählt und später als Sechster chinesischer Zen-Patriarch Hui-neng (638–713) bekannt.

Die obigen beiden Gedichte werden üblicherweise zwar als Gegensatzpaar dargestellt, wobei man die Erkenntnistiefe des zweiten und die begrenzte Perspektive des ersten betont, aber man kann sie auch als einander ergänzende Aussagen betrachten, die uns erst zusammen ein umfassendes Bild der Welt des Zen bieten.

Die erste Strophe betont den Prozess, wodurch man die aktive Wachsamkeit bewahrt beim Polieren des Spiegels der Erleuchtung, das heißt den Prozess des Leerens als immer während rendes Ereignis. Die zweite Strophe wiederum betont das Leersein von Anfang an und betrachtet alles von diesem Standpunkt aus, einem Zustand der vollkommenen Ruhe. Zwar impliziert jede Strophe bereits die andere, doch ihre Gegenüberstellung dient als Ausgleich der beiden Elemente Prozess und Zustand.

So ist in der Heiligen Schrift das Himmelreich mit aktiver Wachsamkeit verbunden, wie im Gleichnis von den zehn Jungfrauen (Matthäus 25,1–13). Hier werden alle ermahnt, unablässig wachsam, jeden Augenblick aufmerksam zu sein und sich um Achtsamkeit zu bemühen. Doch das Himmelreich wird auch mit jemandem verglichen, der Samen gesät hat und dann schlafen gegangen ist, während die Saat allein aufgeht, unabhängig von menschlichem Bemühen (Markus 4,26–29). So wird also zwar zu aktiver Wachsamkeit aufgerufen, aber gleichzeitig wird auch diese vertrauensvolle Haltung betont, dass man das Himmelreich einfach so lässt, wie es ist, so wie es die Lilien auf dem Feld und die Vögel unter dem Himmel tun (Matthäus 6,26–28).

In den beiden obigen Strophen wird der erleuchtete Geist mit einem vollkommen reinen Spiegel verglichen. Aber in diesem Beispiel gibt es keine substanzielle Wesenheit an sich, die »Spiegel« genannt wird, sondern nur das, was sie widerspiegelt. Und damit verleiht gerade die vollkommene Reinheit des Spiegel, seine totale »Leere«, ihm die Fähigkeit, das ganze Universum zu enthalten. Das ganze Universum ist im vollkommen reinen Spiegel vollkommen enthalten, da den Dingen nichts im Weg steht, ganz und gar darin widergespiegelt zu werden. Eben weil er total leer ist, ist er total voll! Somit enthält der völlig erleuchtete Geist, der völlig geleerte Mensch, vollkommen das Universum in seiner Fülle und Totalität.

Damit wir diesen Vergleich zwischen dem völlig entleerten Menschen und einem vollkommen reinen Spiegel besser verstehen, ist ein Hinweis auf die vier Merkmale der Weisheit des spiegelähnlichen, erleuchteten Geistes, von denen in buddhistischen Texten die Rede ist, angebracht.

Erstens vermag der spiegelähnliche, erleuchtete Geist die Totalität des Universums, wie es ist, so widerzuspiegeln, wie ein völlig gereinigter, klarer Spiegel alles widerspiegelt. Sein Fassungsvermögen kennt keine Grenzen. Alles im Universum wird in seiner Fülle und Totalität im Spiegel des erleuchteten, völlig entleerten Geistes widergespiegelt. Nichts ist aus dem Reich seines Interesses ausgeschlossen. Ja, nur der völlig entleerte Geist ist in der Lage, mit allen Heiligen die Breite und Länge, Höhe und Tiefe dessen zu begreifen, was alles Wissen übersteigt. Nur der Geist, der total entleert ist, kann völlig erfüllt werden »mit der ganzen Gottesfülle« (Epheser 3,18–19).

Zweitens spiegelt der vollkommen reine Spiegel alle Dinge gleichermaßen wider, ohne etwas zu bevorzugen, weil er schön statt unansehnlich, groß statt klein, bunt statt farblos ist. Alle Dinge werden so widergespiegelt, wie sie sind. Und daher vermag der völlig entleerte Mensch alle Dinge und alle Menschen zu akzeptieren, wie sie sind, auf die gleiche Weise und ohne Vorliebe oder Vorurteil. Und ein solcher Mensch wird auch nicht den Reichtum über die Armut, die Attraktivität über die Unansehnlichkeit stellen. Er wird sie einfach als das hinnehmen, was sie sind und wie sie sind, ohne Werturteil. Im Himmelreich gibt es nicht mehr »Grieche oder Jude, Beschnittener oder Unbeschnittener, Nichtgrieche, Skythe, Sklave, Freier« (Kolosser 3,11).

Drittens spiegelt der Spiegel gleichwohl jedes Ding und jeden Menschen in seiner Einzigartigkeit, in seiner Besonderheit, in seinem *Ansichsein* wider. Somit ist etwas Unansehnliches an sich unansehnlich, etwas Schönes ist an sich schön, heiß ist heiß, kalt ist kalt, schwarz ist schwarz, grau ist grau.

Mit anderen Worten: Nichts verliert seine Besonderheit und unersetzliche Einzigartigkeit. Im Himmelreich gibt es zwar einen Körper, aber der Kopf ist gleichwohl der Kopf, das Ohr ist das Ohr, das Auge ist das Auge – alles ist auf einzigartige Weise das, was es ist.

Viertens vermag der spiegelähnliche, erleuchtete Geist das Universum unter allen Umständen angemessen widerzuspiegeln. Völlig entleerte Menschen sind in der Lage, von sich etwas zu geben, und zwar entsprechend der besonderen Anforderung, die die Situation stellt. Einem Hungrigen werden sie etwas zu essen geben. Einem Nackten werden sie Kleidung anbieten. Einem Kranken, Einsamen oder Niedergeschlagenen werden sie Heilung, Trost, Gesellschaft, Hoffnung geben. Kurz, erleuchtete Menschen stehen total zur Verfügung und können auf jede Situation reagieren, sie sind in der Lage, »allen alles« zu sein, wie es Paulus beschreibt: »Den Juden bin ich wie ein Jude geworden . . . Denen, die unter dem Gesetz sind, bin ich wie einer unter dem Gesetz geworden . . . Denen, die ohne Gesetz sind, bin ich wie einer ohne Gesetz geworden . . . Den Schwachen bin ich ein Schwacher geworden . . . Ich bin allen alles geworden« (1. Korinther 9,19–22). Eine solche universale Verfügbarkeit, die Fähigkeit, allen alles zu sein, ist nur völlig entleerten Menschen eigen, die sich total opfern, ohne selbstsüchtige oder niedrige Beweggründe. Ein solcher Mensch wird für andere das sein, was er für sie sein muss.

Das Allumfassendsein, das Akzeptieren von allem auf gleiche Weise, die Anerkennung von allem in seiner Einzigartigkeit und die universale Verfügbarkeit und Verantwortlichkeit entsprechend den jeweiligen Bedürfnissen – das sind die vier Merkmale der Weisheit des spiegelähnlichen, erleuchteten Geistes. Dies ist der innere Zustand des Menschen, der das totale Entleeren erfährt. Ein solcher Zustand weist einerseits völlige Transparenz, vollkommene Ruhe auf. Andererseits weist er die Dynamik von allem auf, das er widerspiegelt – diese nie endende Dynamik, geboren zu werden, zu altern und zu sterben.

Dies ist die Erfahrung, die Zen bietet. Daher ist es ein Missverständnis, Zen für eine individualistische, selbstbezogene Praxis oder für eine solipsistische Art von Spiritualität zu halten. Zu einem derartigen Missverständnis kommt es leicht, sogar bei denen, die Zen selbst praktizieren, nämlich wenn sie sich von der übrigen Gesellschaft und ihren dringenden Problemen absondern. Aber das ist eine Art von spirituellem Luxus, den wir uns in einer Welt nicht leisten können, die voller Gewalt ist, die vor ungeheuren sozioökonomischen und ökologischen Krisen steht, in einer menschlichen Gesellschaft, die unablässig mannigfaches Unrecht verübt – all dies verlangt dringend ein wachsames Interesse und ein aktives Sicheinlassen, damit sich die Verhältnisse bessern. Wir können uns nicht in einen Hafen der Ruhe und Isolation, in eine abgeschiedene Meditationshalle zurückziehen, wo die Schreie der übrigen Welt vom Gefasel unseres Affengeistes, von den Geräuschen unseres eigenen Atems oder von der wiederholten Rezitation von Mu übertönt werden. Zen ist eben nicht bloß das.

Im Gegenteil, die Zen-Praxis begründet eine Einstellung, die aufmerksam und sensibel für die Schmerzen der Welt macht, die einen Menschen dazu befähigt, sich auf die Aufgabe einzulassen, die Welt so zu verwandeln, dass ihr Schmerz und ihr Leid gelindert werden. Dies ist ein sozial engagierter Buddhismus, eine Spiritualität des leidenschaftlichen Engagements für die Welt.

Wenn sich der Zen-Praktizierende eine Zeit lang isoliert, um in aller Stille zu sitzen und Geistesfrieden zu finden, dann sucht er nach seinem wahren Selbst, dann entdeckt er damit auch das reale und tiefe Band, das diesen Menschen eins mit der Gesellschaft macht, mit dem Marktplatz, mit dem ganzen Universum.

Ich habe oben auf den Prozess hingewiesen, die eigenen Bindungen, falschen Selbstbilder, Vorurteile und kritischen Gedanken loszulassen und jenen Zustand des »klaren blauen Himmels, an dem nicht das kleinste Wölkchen das schauende Auge trübt« zu erlangen, der im Zen von zentraler Bedeutung ist. Unter diesem klaren blauen Himmel rückt alles ins rechte Licht – die Schönheit einer Rose, der Duft von Jasmin, der Geschmack von Haferbrei ebenso wie der Schmerz in den Beinen, der Lärm eines sich beschleunigenden Taxis, der Staub auf der Straße. Aber auch die Flüchtlinge, die politischen Gefangenen, die hungernden Kinder. Hier tritt das eigene wahre Selbst in den Vordergrund, in diesen Dingen und durch sie, das A und O unserer täglichen Existenz. Es unterscheidet sich nicht von dieser banalen Wirklichkeit. Man ist in der Lage, das eigene wahre Selbst in den Anpreisungen eines Straßenverkäufers zu erkennen, im Obdachlosen, der auf den Bürgersteigen der Stadt um ein Almosen bittet, in den Schwarzarbeitern, die uns ihre Dienste anbieten und doch für einen Hungerlohn arbeiten müssen, aber auch in dem Manager, der in den erbarmungslosen Konkurrenzkampf der Geschäftswelt verstrickt ist und keine Zeit hat, über sich nachzudenken und sich zu fragen, was das alles soll. Und wenn man so sein eigenes wahres Selbst erkennt, identifiziert man sich ebenso mit den Freuden wie mit den Schmerzen der Welt, als wären es die eigenen.

Wer im Zen völlig entleert ist, findet sich buchstäblich in allem und vermag sich völlig mit allem zu identifizieren, alles zu sein und damit in totaler Freiheit zu handeln, je nachdem, wie es die jeweilige Situation erfordert. So ein Mensch ist nicht mehr von der illusorischen Barriere zwischen sich und dem »Anderen« isoliert. Man erblickt das eigene wahre Selbst im »Anderen«, den »Anderen« im eigenen wahren Selbst.

Daher führt die vorübergehende Isolation, für die wir uns entscheiden, wenn wir in einem stillen Raum oder in einer Meditationshalle sitzen, letztlich zu einer Wiederverbindung.

Die Praxis des Sitzens macht uns offen für die Entdeckung unserer engen Beziehung zu jedem Lebewesen, und zwar nicht als einem abstrakten Prinzip oder einem philosophischen Begriff, sondern als einem konkreten Erleben, das mit jedem Augenblick, jedem Blick, jedem Wort, jeder Berührung in den Vordergrund tritt. Wir können uns für eine solche Phase der Isolation entscheiden, um zu meditieren oder im Zen zu sitzen, damit wir uns selbst durchschauen, uns in die Lage versetzen, uns selbst von allem zu leeren, was dieser Entdeckung im Weg steht, das heißt unserem Einssein und unserer Solidarität mit allem, was ist. Dieses totale Leeren zu erkennen heißt, die unendliche Fülle zu erkennen, in der wir mit dem gesamten Universum eins sind.

Mein Lehrer Yamada Roshi pflegte diese unendliche Fülle im Leeren durch einen Bruch auszudrücken, dessen Nenner null ist, wie in $1:0$, $2:0$ oder $1000:0$. Der Zähler in seiner einzigartigen Besonderheit als eine bestimmte Summe ist nichts anderes als Sie und ich, dieser Baum oder jene Katze, dieser Berg, jener Fluss, jedes konkrete Ding in der Welt der Phänomene. Der Nenner drückt jenen Punkt aus, in dem die Leere realisiert ist, das wahre Selbst, das in totaler Selbstentleerung erreicht wird. Wir könnten uns fragen, wie oft man durch null geteilt werden kann, und wir könnten antworten: »Gar nicht.« Doch die Antwort könnte auch lauten: »Unendlich viele Male.« Somit ist $1:0$ gleich unendlich, ebenso wie $2:0$, $1000:0$ oder $100\,000:0$. Dieser Nullpunkt wird in der einzigartigen Besonderheit jedes Zählers, jedes Phänomens, jedes Lebewesens begriffen. Und vom Standpunkt dieser *konkreten Unendlichkeit* aus (einer begrifflichen Absurdität) erscheint alles, was oben über den Spiegel gesagt wurde, auf einmal sinnvoll.

Und damit sind wir wieder bei der *creatio ex nihilo*, »der Schöpfung aus dem Nichts«. Statt sie als eine philosophische Doktrin zu verstehen, können wir sie als Aufforderung zu dieser Erfahrung des Nicht-Seins auffassen, die das Zentrum unseres Seins bildet und den Dreh- und Angelpunkt, um zu erleben, wie das unendliche Leben Gottes durch dieses Sein, durch das Universum von einem Augenblick zum anderen pulsiert.

Dieses Erleben der Unendlichkeit in uns, das auch das Erleben unseres Nicht-Seins ist, bringt uns zu der konkreten Einzigartigkeit, die unser Selbst ist, indem sie uns wieder mit beiden Beinen auf dem Boden stehen oder besser: unseren Hintern auf dem Sitzkissen ruhen lässt, und von dort zur Konkretheit unseres Stehens und Gehens, Lachens und Weinens, Essens und Trinkens, Arbeitens und Spielens. Jedes ist eine vollständige und vollkommene Manifestation des Unendlichen.

Die im Zen erlangte »höchste Wirklichkeit« ist somit nicht getrennt von allem, was wir in unserem Alltagsleben, im Konkreten tun oder sind. Dies wird sehr schön veranschaulicht durch das Koan, in dem ein Mönch vor Chao-chou trat (dem durch das Mu-Koan berühmt gewordenen Mönch) und sagte: »Ich bin gerade erst ins Kloster eingetreten; bitte, zeige mir den Weg!« Chao-chou sprach: »Hast du schon deine Reissuppe gegessen?« Der Mönch sprach: »Ich habe die Reissuppe gegessen.« Chao-chou sprach: »Geh und wasch deine Essschale!« Und da wird dem Mönch blitzartig das Wesen des Zen klar (*Wu-men-kuan*, 7. Beispiel).

Die »Erkenntnis«, zu der der Mönch hier gelangt, ist nicht irgendeine abstruse philosophische Wahrheit über Zen oder gar irgendeine tiefgründige Zen-Doktrin, die den »Sinn« von Chao-chous Worten interpretiert. Sie liegt vielmehr in dieser konkreten Tatsache, dass er gegessen und seine Essschale gewaschen hat.

Über das Wesen dieser Erkenntnis heißt es in Wu-mens Gedicht:

Weil es allzu sonnenklar ist,
Braucht es lange zum Begreifen.
Wenn du verstehst, (dass es töricht ist,) mit einem Feuer
(in der Hand) Feuer zu suchen,
Ist das Mahl schon längst gekocht.

Es ist tatsächlich sonnenklar, klarer als der blaue Himmel. Doch um das Problem zu verdunkeln, kann man sich einer »verdorbenen« Sprache bedienen und sagen, man werde voll, wenn man erkennt, dass das eigene wahre Selbst mit dem ganzen Universum eins ist. Oder es heißt wiederum, sich solcher Vorstellungen oder Gedanken von Erkenntnis und Selbst und Universum zu entledigen und einfach man selbst, sein eigenes wahres Selbst zu sein in den tagtäglichen Aufgaben, zu leben, aufzustehen, zu frühstücken, abzuwaschen, zur Arbeit zu gehen, müde zu werden, sich ein wenig auszuruhen, sich mit Freunden zu treffen, auf Wiedersehen zu sagen, krank zu werden, alt zu werden, zu sterben. Und doch ist dies nicht eine Vorstellung vom Aufstehen, Frühstücken, Abwaschen und so weiter, sondern einfach das: es zu tun, erfüllt von einer Fülle, die nichts ausschließt – ein Ganzsein, in dem das eigene ganze Sein in diesem Akt des Aufstehens, Frühstückens, Abwaschens oder wovon auch immer ist. Jede Aktivität oder Passivität besteht darin, total leer, voll und vollkommen eine Manifestation des wahren Selbst zu sein.

Und daher ist es das höchste Ergebnis des Zen, nicht mehr und nicht weniger als wahrhaft das zu werden, was man ist: wahrhaft menschlich, ganz, im Frieden, eins mit allem, doch entleert von allem. Ein solches höchstes Ziel liegt nicht außerhalb der Reichweite von uns allen; das Reich Gottes ist erreichbar, es ist mitten unter uns. »Wer Augen hat, zu sehen, der sehe.« Aber um sehen zu können, bedarf es einer totalen Veränderung des Herzens, einer *metanoia* (Markus 1,15), jenes totalen Leerens des Selbst, das seiner wahren Fülle im Lichte von Gottes Gnade dient. Die berühmten Worte von Zen-Meister Dogen über den Weg der Erleuchtung verweisen auf diese Erfahrung: »Den Buddha-Weg zu erfahren bedeutet, sich selbst zu erfahren. Sich selbst erfahren heißt, sich selbst zu vergessen. Sich selbst vergessen heißt, sich selbst wahrzunehmen – in allen Dingen.«

Der große Tod des Selbst ist die Geburt des neuen Lebens, in dem es Geburt und Tod nicht mehr geben wird: ». . . und der Tod wird nicht mehr sein, noch Leid noch Geschrei noch Schmerz wird mehr sein; denn das Erste ist vergangen« (Offenbarung 21,4). Und was bleibt? »Ein neuer Himmel und eine neue Erde« (Offenbarung 21,1), durchsichtig bis in den klaren blauen Himmel, in dem alles erfüllt ist »mit der ganzen Gottesfülle« (Epheser 3,19). Aber das sind bloß Worte, hohl tönende Zimbeln, wenn man nicht tatsächlich, körperlich diesen Erfahrungsweg des totalen Selbstleerens beschreitet, in dem diese Fülle liegt. Zen öffnet diesen Erfahrungspfad jedem, der ihn gehen möchte.

3 Das *Herz-Sutra* über die befreiende Weisheit

IN JAPANISCHEN ZEN-MEDITATIONSHALLEN und -Tempeln ertönt oft der Gesang des *Herz-Sutra*, eines bekannten Textes aus den buddhistischen Schriften, der im Lauf der Jahrhunderte als prägnante Formulierung des Wesens der Erleuchtung hohes Ansehen genoss. Allerdings darf nicht vergessen werden, dass Zen keiner sprachlich-begrifflichen Ausdrucksformen zur Übertragung der lebendigen Weisheit der Erleuchtung bedarf. Worte und Begriffe sind im Zen wie ein Finger, der zum Mond zeigt. Es wäre doch wirklich töricht, von dem Finger so fasziniert zu sein – ihn anzustarren, ihn aus verschiedenen Blickwinkeln zu analysieren, ihn mit anderen Fingern zu vergleichen –, dass man den Mond in seinem prächtigen Glanz gar nicht bemerkt. Betrachten wir also das *Herz-Sutra* als einen Finger, der zum Mond zeigt. Sehen Sie nur, wie er strahlt!

Das »Herz«, mit dem sich das Sutra befasst, ist das Herzstück der »Großen Materie«, *prajnaparamita*, was ich frei mit »befreiende Weisheit« übersetze. *Paramita* bedeutet das »Höchste, Vollkommene, Oberste«. Es bedeutet auch »darüber hinausgehen (ans andere Ufer)«, »transzendent« und charakterisiert die Weisheit (*prajna*) von jemandem, der die

Befreiung von »diesem Ufer«, dieser Welt von Konflikt und Leiden erlangt hat. Es muss allerdings betont werden, dass diese befreiende Weisheit *nicht bewirkt, dass man aufhört, mitten in dieser Welt von Leiden und Konflikt zu sein*. Indem man diese Weisheit »erlangt«, hört man nicht auf, ein Mensch zu sein, der weiterhin mit den gewöhnlichen (und außergewöhnlichen) Kämpfen konfrontiert ist, die nun einmal unabdingbar zu uns Menschen gehören.

Vielmehr findet der Mensch, der zu dieser befreienden Weisheit gelangt, vollkommenen Frieden und vollkommene Freiheit gerade inmitten dieses Lebens. Das heißt nun nicht, dass er das Leiden oder den Konflikt genießt oder dass er einfach eine passive Haltung einnimmt und beides erträgt und nichts tut, um es zu verhindern oder zu beenden. Die befreiende Weisheit ermöglicht es dem Erleuchteten, alle Gegensätze wie Leiden und Trost, Konflikt und Harmonie, Gut und Böse, Leben und Tod, diese Welt und die jenseitige Welt zu transzendieren. Die befreiende Weisheit akzeptiert in jedem Augenblick jede Situation voll und ganz in ihrer ewigen Fülle – in Krankheit oder Gesundheit, Reichtum oder Armut, Erfolg oder Scheitern, Leben oder Tod – und überwindet als solche diese Gegensätze. Sie ist vollkommene Freiheit in vollkommenem Akzeptieren.

Die befreiende Weisheit bringt den Frieden mit dem ganzen Universum, man wird eins mit allem, was ist, wahrhaft frei, wahrhaft glücklich, wahrhaft Mensch. Sie ist die Quelle von wahrem Mitgefühl, mit dem das eigene Herz alles umfasst, in dem man mit allen Lebewesen in ihren Freuden und Leiden, Kämpfen und Hoffnungen vereint ist. Diese Weisheit ruht latent in uns allen, und ihr Erwachen ermöglicht es uns, unser Leben in seiner unendlichen Fülle, in jeder Besonderheit zu erkennen, wenn man am Morgen erwacht, frühstückt, zur Arbeit geht, sich entspannt, mit Freunden plaudert, sich den Schweiß abwischt, lacht, weint, sitzt, steht, einschläft. In dieser Weisheit ist man vollkommen frei, vollkommen das, was man ist, wie man eben ist.

Sehen wir uns nun die Darstellung dieser Weisheit im *Herz-Sutra* an.

Der Erhabene weilte auf dem Geierberg nahe Rajagriha zusammen mit einer großen Gemeinschaft von Mönchen und einer großen Gemeinschaft von Bodhisattvas. Zu dieser Zeit verweilte der Erhabene in einer meditativen Konzentration auf die Vielzahl der Phänomene, genannt »Erscheinung des Tiefgründigen«. Zur selben Zeit betrachtete der Bodhisattva-Mahasattva, der edle Avalokiteshvara, die Ausübung der tiefgründigen Vollkommenheit der Weisheit und betrachtete auch die fünf Aggregate als leer von inhärentem Sein.

Durch die Kraft des Buddha sprach darauf der ehrwürdige Shariputra zu dem edlen Avalokiteshvara, dem Bodhisattva-Mahasattva, diese Worte:»Wie sollte sich ein Sohn von edler Art oder eine Tochter von edler Art schulen, die die Ausübung der tiefgründigen Vollkommenheit der Weisheit anzuwenden wünscht?«

So sprach er, und der edle Avalokiteshvara, der Bodhisattva-Mahasattva, antwortete dem ehrwürdigen Shariputra mit den Worten:»Shariputra, jene Söhne oder Töchter von edler Art, die die Ausübung der tiefgründigen Vollkommenheit der Weisheit anzuwenden wünschen, sollten folgendermaßen schauen: Sie sollten einwandfrei und folgerichtig erkennen, dass auch die fünf Aggregate leer von inhärentem Sein sind. Das Körperliche ist leer, Leerheit ist das Körperliche; Leerheit ist nichts anderes als das Körperliche, und das Körperliche ist auch nichts anderes als Leerheit. Ebenso sind auch Empfindung, Unterscheidung, gestaltende Faktoren und Bewusstsein leer.

In dieser Weise, Shariputra, sind alle Phänomene leer: Sie haben keine Wesensmerkmale, sie sind ohne Entstehen und ohne Vergehen. Sie sind ohne Befleckungen, sie sind nicht frei von Befleckungen; sie sind ohne Abnahme und ohne Zunahme.

Aus diesem Grund, Shariputra, gibt es in der Leerheit keinen Körper, keine Empfindung, keine Unterscheidung, keine gestaltenden Faktoren und kein Bewusstsein. Es gibt keine Augen, keine Ohren, keine Nase, keine Zunge, keinen Körper und keinen Geist. Es gibt nichts Sichtbares, keine Töne, keine Gerüche, keine Geschmäcke, nichts Tastbares und keine Phänomene. Es gibt auch keine Elemente: weder die Elemente des Sichtbaren noch die Elemente des Geistes, bis hin zu den Elementen des geistigen Bewusstseins. Es gibt weder Unwissenheit noch Aufhören der Unwissenheit, bis dahin, dass es weder Alter noch Tod noch Aufhören von Alter und Tod gibt. Ebenso gibt es kein Leid, keinen Ursprung, keine Beendigung, keinen Pfad, keine ursprüngliche Weisheit, kein Erlangen und kein Nichterlangen.

Deshalb, Shariputra, weil die Bodhisattvas ohne Erlangen sind, stützen sie sich auf die Vollkommenheit der Weisheit und verweilen darin, und ihr Geist ist ohne Hindernisse und daher ohne Furcht. Indem sie alle Fehler völlig überwinden, gelangen sie zur Vollendung, dem Nirvana. Auch alle Buddhas, die in den drei Zeiten verweilen, erwachten voll und ganz zu der unübertroffenen, einwandfreien und vollständigen Erleuchtung, indem sie sich auf die Vollkommenheit der Weisheit stützten.

Daher ist das Mantra der Vollkommenheit der Weisheit das Mantra der großen Erkenntnis, das unübertroffene Mantra, das Mantra, das dem Unvergleichlichen gleicht, das Mantra, das alle Leiden völlig beendet. Weil es untrügerisch ist, erkenne es als wahr. So wird das Mantra der Vollkommenheit der Weisheit gesprochen:

Tadyatha om gate gate paragate parasamgate bodhi svaha.«

Der Bodhisattva Avalokiteshvara

Das Sutra beginnt damit, dass Bodhisattva Avalokiteshvara (auf Chinesisch Guanyin) die tiefgründige *prajnaparamita* praktiziert und schildert, was er/sie (denn dieses Wesen ist oft androgyn) in dieser Praxis wahrnimmt.

Zunächst einmal bezeichnet der Begriff Bodhisattva (wörtlich »Erleuchtungswesen«) jemanden, der aktiv nach dieser befreienden Weisheit sucht. Er wurde zuerst auf Gautama selbst angewandt, den historischen Buddha, und zwar in erster Linie in Bezug auf die sechs Jahre während religiöse Suche und Disziplin, der er sich unterzog, bevor er die höchste Erleuchtung erlangte. Wegen dieser Suche verließ er ein Leben der Ruhe und Sicherheit im Königspalast und tauchte direkt in das Geheimnis des menschlichen Leidens ein.

Später bekam der Begriff andere Bedeutungsnuancen, vor allem die des Weisheitssuchers, der sich im letzten Stadium der Suche kurz vor dem Eintritt ins Nirvana entschließt, für eine Weile »hier« zu bleiben, um anderen Lebewesen zu ihrer eigenen Befreiung zu verhelfen und sie dazu anzuleiten. Der Name Avalokiteshvara bedeutet: jemand, der die Schreie des Leidens aller Lebewesen uneingeschränkt wahrnimmt (hört und sieht). In der japanischen Version ist dies Kanzeon oder Kannon und besitzt weibliche Gestalt, als Göttin, die die Klagerufe aller leidenden Wesen hört. Sie wird mit tausend Händen und elf Gesichtern dargestellt, die ihre Fähigkeit signalisieren, in alle Richtungen zu schauen, alle Entfernungen zu überbrücken und jegliche Form von Hilfe zu erweisen, die jedes leidende Wesen in seiner besonderen Situation benötigt.

Diese Bereitschaft, die Klagerufe anderer zu hören und eine helfende Hand zu reichen, muss somit auch als die innere Einstellung jedes Weisheitssuchers verstanden werden. Eine solche innere Einstellung drückt sich ferner im vierfachen Gelübde des Bodhisattva aus, wie es in Zen-Meditationshallen in ganz Japan und anderswo rezitiert wird:

Fühlende Wesen sind zahllos; ich gelobe, sie zu befreien.
Täuschungen sind unerschöpflich; ich gelobe, sie zu beenden.
Tore zur Wahrheit sind zahllos; ich gelobe, sie zu öffnen.
Der Weg der Erleuchtung ist unübertrefflich; ich gelobe, ihn zu verkörpern.

Durch dieses Gelübde umfasst der Bodhisattva das ganze Universum, öffnet sein Herz allen Lebewesen im Dienst an ihnen und nimmt sich vor, das Unmögliche zu schaffen und das Unerreichbare zu erreichen. Damit geht es bei der Suche nach wahrer Weisheit eindeutig nicht um eine egozentrische religiöse Disziplin, mit der man die Welt und andere Menschen vom eigenen Interesse ausschließt, ein Leben der Weltflucht zu führen, nur den eigenen Geistesfrieden zu suchen und sich nicht auf eine schwierige Welt und auf schwierige Menschen einzulassen. In Zazen sitzt man gerade nicht als ein isolierter Einzelner, sondern als ein Mensch, der das Gewicht des ganzen Universums trägt und mit allen Lebewesen eins ist.

Ein interessantes Beispiel für einen Bodhisattva ist Kenji Miyazawa (1896–1933), ein frommer Buddhist, der im letzten Teil seines kurzen Lebens unter armen Bauern im nördlichen Japan lebte und arbeitete. Seine innere Einstellung fasst sein Gedicht mit dem Titel »Ame ni mo Makezu« (»Unbeirrt vom Regen«) zusammen. Eine Passage daraus lautet folgendermaßen:

Wenn es im Osten ein krankes Kind gibt,
Seile an sein Bett, kümmere dich um sein Leiden.
Wenn es im Westen eine erschöpfte Mutter gibt,
geh hin, trage ihr Bündel Getreide für sie.

Wenn im Süden ein Mann im Sterben liegen sollte,
geh hin und tröste ihn mit den Worten: »Fürchte dich
nicht.«
Wenn im Norden ein Streit droht,
geh hin und sage: »Hört auf mit so einer Dummheit.«

Diese Worte offenbaren eine Bereitschaft, dort zu Diensten zu sein, wo es nötig ist, so wie die Hände von Kannon bereit sind, sich jedem entgegenzustrecken, der in Not ist.

Ein anderes Beispiel für eine unermüdliche religiöse Suche in Verbindung mit vollkommener Offenheit im Dienst anderer ist das Leben von Simone Weil. Ihre nach ihrem Tod veröffentlichten Tagebücher zeigen uns ein Herz, das so weit wie das Universum ist, hat sie sich doch die Leiden aller Unglücklichen, die je gelebt haben, zu Eigen gemacht und in ihrem Körper den Schmerz aller Heimgesuchten gelebt.

Der Bodhisattva gilt als das Gegenteil des selbstzufriedenen, unbedachten Menschen, der gleichgültig ein Leben der Befriedigung der Sinne und selbstsüchtiger Begierden führt. Der Bodhisattva hat die Sinnlosigkeit und Leere selbstsüchtiger Aktivitäten erkannt und ist auf der Suche nach etwas Tieferem, etwas Dauerhafterem, nach einem »Schatz, der niemals abnimmt, im Himmel, wo kein Dieb hinkommt« (Lukas 12,33). Und der Bodhisattva erkennt, dass sich dieser Schatz, den jeder von uns mit ganzem Herzen sucht, gerade darin offenbaren kann, dass man sich dem Dienst an anderen hingibt.

Noch einmal: Die wahre Suche nach der befreienden Weisheit besteht nicht darin, dass man der wirklichen Welt, der Welt des Konflikts und des Leidens den Rücken kehrt, sondern sie ist ein *sich einlassendes Akzeptieren*, das den Suchenden mitten in diese Welt stürzt, damit er sie sich zu Eigen macht. Christlich gesprochen ist der Königsweg ins Himmelreich der »Weg des Kreuzes«, auf dem man Jesus folgt, indem man die Wirklichkeit des menschlichen Leidens auf sich nimmt und dadurch das Universum erlöst. In dieser Hinsicht ist es von großer Bedeutung, dass das *Herz-Sutra* den Bodhisattva Avalokiteshvara als Erkennende(n) der befreienden Wahrheit, als das Vorbild jedes Suchers darstellt. Der Sucher muss Avalokiteshvara selbst werden, der (oder die) die Klagerufe aller Lebewesen vernimmt. So wird der Weg zur Erkenntnis der befreienden Weisheit geöffnet.

Das Wahrnehmen der Leere

Avalokiteshvara betrachtete die Ausübung der tiefgründigen Vollkommenheit der Weisheit und betrachtete auch die fünf Aggregate als leer von inhärentem Sein.

Im buddhistischen Denken wird die menschliche Existenz durch ein System von fünf Grundbestandteilen beschrieben, nämlich 1. Materie, physische Substanz oder »Form«, 2. Empfindung, 3. Wahrnehmung, 4. Impulse oder unsere Reaktionen auf Reize und 5. Bewusstsein. Wir werden uns hier nicht die Mühe machen, diese Kategorien zu erklären, sondern einfach die Aussage des *Herz-Sutra* umformulieren: Alles, was wir als Bestandteil unserer Existenz erachten (wie auch immer wir uns die Elemente aufgrund einer ausführlichen Analyse vorzustellen haben), ist »leer«.

Zunächst einmal besteht die Versuchung, sich in einer tiefgründigen philosophischen Interpretation dieser Aussage zu ergehen, die ziemlich wichtig für das Verständnis der Kernlehre des Mahayana-Buddhismus ist. Doch wir sind nicht so sehr an einem intellektuellen Verständnis der buddhistischen Lehre interessiert, sondern vielmehr an der lebendigen Erkenntnis der Weisheit, die ein Licht auf die Frage nach unserer eigenen Existenz werfen kann. Und wenn wir erfahren, dass die Grundbestandteile unserer Existenz »leer« sind, dann ist das etwa so, als würde man uns den Teppich unter den Füßen wegziehen und auf den Kopf stellen, was wir gemeinhin für die Substanzialität dieser unserer Existenz halten. Kurz, diese Aussage des *Herz-Sutra* stellt eine Herausforderung für den gesunden Menschenverstand und für unsere gewohnte Denkweise dar, indem sie auf einen Widerspruch in unseren Grundannahmen verweist, wie ein scharfes Schwert, das uns direkt ins Herz gestoßen wird und mitten durch unsere lieb gewordenen Vorstellungen schneidet. Wir erfahren, dass alles, was wir für »substanziell« halten, in Wahrheit leer ist, das heißt »ohne jegliche Substanz«.

Das ist in der Tat eine verrückte Behauptung: »A ist nicht A.« Das ähnelt dem berühmten Mu-Koan, in dem Chao-chou auf die Frage »Hat ein Hund Buddha-Natur?« antwortete: »Mu!« Und nun wird der Schüler vom Lehrer gefragt: »Was ist Mu? Zeige mir Mu!« Und wenn dann der Schüler eine Antwort nach der anderen gibt, erfährt er immer wieder: »Nein, das nicht!« Nach einer Weile fühlt er sich in die Ecke gedrängt, denn er hat alle denkbaren Antworten gegeben. Dann steht sein begriffliches Denken still, da er sich einer nackten Wand gegenübersieht. Und erst in diesem Stillstand, an diesem Nullpunkt des begrifflichen Denkens kann die befreiende Kraft des Mu aufbrechen und alle Energie des ganzen Universums entfesseln und alles neu erschaffen.

Und erst an diesem Nullpunkt kann man die volle Bedeutung des Begriffs »Leere« begreifen, das heißt, nachdem man tatsächlich den Prozess durchgemacht hat, der dazu führt, dass man sie erfährt. Daher hat es keinen Sinn, eine Theorie über »die Bedeutung der Leere« und dergleichen zu entwerfen, da sie nur eine andere begriffliche Sackgasse darstellt. Der Suchende muss sich nun zu diesem Stillstand bewegen und sich von allem »leeren«, das ihm dabei im Weg steht. Wie ist dies zu schaffen?

Indem man sich, wie ich schon sagte, von allem entledigt.

Und da bietet nun das *Herz-Sutra* einen zusätzlichen Hinweis in Bezug auf diesen Prozess an: Es fordert uns auf, die Vorstellung aufzugeben, dass unsere Existenz »substanziell« sei – mit anderen Worten: uns nicht mehr an das zu klammern, was wir das »Erscheinungs-Selbst« oder »Ego« nennen können, die Wurzel aller Selbstsucht und Habsucht, allen Neides und aller Lust und aller Begehrlichkeit. Erst durch dieses Anklammern gerät ein Mensch in einen Konflikt mit einem anderen, wird er anderen Menschen, der Natur, seinem eigenen wahren Selbst entfremdet – das also muss geleert werden.

Nur wenn ich mich an dieses Erscheinungs-Selbst klammere, will ich dieses Auto, jenes Haus, mehr Geld, die Bewunderung anderer Menschen, die Macht, das Leben der Menschen zu beeinflussen, einen Namen von historischer Bedeutung haben. Meine Jagd nach diesen Dingen bringt mich in Konflikt mit anderen Menschen, die ebenfalls hinter ihnen her sind. Da wollen nun Juan und Pedro jeweils ein immer größeres Stück vom Kuchen haben, sie können sich nicht einigen, Juan schnappt sich Pedros Stück, Pedro holt es sich mit physischer Gewalt wieder, Juan schlägt zurück, und so weiter – da haben wir die Welt von Antagonismus und Konflikt und gegenseitiger Ausbeutung von Menschen, die ihre Interessen gegen die Interessen anderer Menschen behaupten. Auf einer globalen Ebene steht eine ethnische Gruppe gegen eine andere ethnische Gruppe, eine Nation gegen eine andere Nation, das reiche Land beutet das arme Land aus, ein armes Land sucht die Oberhand über ein anderes armes Land zu gewinnen, und das führt dann zu gegenseitigem Groll und oft zu physischer Gewalt und Krieg. Betrachtet man die heutige Welt aus der Vogelperspektive, erblickt man überall ein solches Bild des Konflikts, und das ist nichts weiter als die Folge jener Bindung an das Erscheinungs-Selbst, das in jedem Einzelnen tief verwurzelt ist.

Will man also richtig verstehen, was das *Herz-Sutra* mit

»Leere« meint, muss man dieses Erscheinungs-Selbst oder Ego loslassen, sich total leeren, und das ist nichts Geringeres als ein völliges Aufgeben aller lieb gewordenen Besitztümer – genau wie in der biblischen Geschichte von dem reichen jungen Mann, der das ewige Leben suchte.

> Und als er sich auf den Weg machte, lief einer herbei, kniete vor ihm nieder und fragte ihn: Guter Meister, was soll ich tun, damit ich das ewige Leben ererbe? . . . Du kennst die Gebote: »Du sollst nicht töten; du sollst nicht ehebrechen; du sollst nicht stehlen; du sollst nicht falsch Zeugnis reden; du sollst niemanden berauben; ehre Vater und Mutter.« Er aber sprach zu ihm: Meister, das habe ich alles gehalten von meiner Jugend auf. Und Jesus sah ihn an und gewann ihn lieb und sprach zu ihm: Eines fehlt dir. Geh hin, verkaufe alles, was du hast, und gib's den Armen, so wirst du einen Schatz im Himmel haben, und komm und folge mir nach! Er aber wurde unmutig über das Wort und ging traurig davon; denn er hatte viele Güter.
> (Markus 10,17–22)

Somit ist die zentrale Aussage des *Herz-Sutra*, nämlich dass die fünf Grundbestandteile der Existenz leer sind, die grundlegende Verneinung nicht nur unseres ganzen Begriffsapparates, ganz gleich, ob wir uns in Übereinstimmung mit dem buddhistischen Begriffssystem befinden oder nicht, sondern unserer gesamten Ego-zentrierten Existenz. Diese Verneinung ist somit eine Ermahnung, uns einer solchen Existenzweise zu entledigen. Sie ist eine Aufforderung, uns von einem egozentrischen, gedankenlosen Leben, das nur an der Befriedigung der Sinne und der egoistischen Begierden interessiert ist, zu einem Leben zu begeben, das der Suche nach einem ewigen Schatz und seiner Entdeckung ebenso wie dem Dienst jener befreienden Weisheit gewidmet ist, die das Herz für andere öffnet – die Aufforderung also, den Weg des Bodhisattva zu gehen. Ein Leben der Selbstbezogenheit, der Jagd nach den Begierden des Erscheinungs-Ego kann nur in Frustration und Sinnlosigkeit enden. Ein solches Leben ist wie ein Haus, das auf Sand gebaut und darum von Anfang an dazu verurteilt ist, einzustürzen.

Und wo ist das sichere Fundament für das neue Gebäude zu finden? Wo ist der Quell jenes ewigen Schatzes, der Ort jener befreienden Weisheit? Dort, wo man in der Erfahrung am oben erwähnten Nullpunkt angelangt ist, so dass man in der Tat begreift, *dass alles Leere ist und Leere alles ist*! Ein klarer blauer Himmel, an dem kein Wölkchen das schauende Auge trübt.

Wenn man das erfährt, wird man offen für eine völlig neue Welt, und doch ändert sich nichts an der alten: Berge sind hoch, Täler sind tief, Rosen sind rot. Und trotzdem wird all dies in einem völlig neuen Licht gesehen: Jede dieser Einzelheiten ist eine vollständige und vollkommene Manifestation jener Welt der Leere, jede Handlung und jedes Erleiden ist voll von einer eigenen Fülle, jeder Augenblick eine Ewigkeit.

Dieser Erfahrungs-Nullpunkt ist der Dreh- und Angelpunkt der befreienden Weisheit, von der das *Herz-Sutra* spricht. Und an diesem Punkt werden alle Gegensätze versöhnt, wenn das Universum der Begriffe dem Universum der lebendigen Erfahrung Platz macht.

Die Verneinung der Begriffe, die Aufforderung zum direkten Erleben

In dieser Weise, Shariputra, sind alle Phänomene leer: Sie haben keine Wesensmerkmale, sie sind ohne Entstehen und ohne Vergehen. Sie sind ohne Befleckungen, sie sind nicht frei von Befleckungen; sie sind ohne Abnahme und ohne Zunahme.

Wir werden hier mit weiteren begrifflichen Widersprüchen konfrontiert, und unser übliches Verständnis der Dinge muss notwendigerweise in die Brüche gehen. Wie sollen wir beispielsweise die obigen Verneinungen mit den alltäglichen Fakten in Einklang bringen, dass Babys geboren werden, Menschen sterben, Dinge schmutzig und gewaschen werden, die Bevölkerung zunimmt, während die Lebensmittelvorräte abnehmen, und so weiter?

Und das ist das ganze Geheimnis: Diese Widersprüche lassen sich in unseren Köpfen einfach nicht in Einklang bringen. Erst wenn alles so gesehen werden kann, *wie es eben ist*, ohne solche Begriffe wie »Entstehung« oder »Vernichtung«, »Unreinheit« oder »Zunahme«, können wir in der Tat erkennen, dass es weder Entstehung noch Vernichtung, weder Reinheit noch Unreinheit, weder Zunahme noch Abnahme gibt. Ein Baby wird geboren und schreit: »Aaah!« *Einfach so.* Ein guter Freund stirbt unerwartet. *Einfach so.* Iiih, dieses vorbeifahrende Auto hat mein weißes Hemd und meine Hose voll gespritzt. *Einfach so.* Ah, eine einzige Wäsche macht sie wieder weiß. *Einfach so.*

Inzwischen ahnen wir schon, mit welcher nächsten Serie von Verneinung uns das *Herz-Sutra* konfrontiert. Da werden die (oben erwähnten) fünf Bestandteile der Existenz verneint. Dann die Sinnesorgane, ihre jeweiligen Gegenstandsbereiche und die verschiedenen Empfindungen, die aus ihrem Funktionieren resultieren. Ebenso die zwölf Glieder in der Kette der Ursachen, angefangen bei »Unwissen« und endend bei »Alter und Tod«, zusammen mit den Vier Edlen Wahrheiten selbst und schließlich der Tatsache der Erleuchtung an sich. Mit anderen Worten: Alle grundlegenden Lehren des Buddhismus werden hier verneint.

Dies scheint auf eine Art von buddhistischer Blasphemie hinauszulaufen, wenn rundweg alles geleugnet wird, was traditionell als die Lehre von Buddha verehrt wird – etwa so, als würde ein Christ die Glaubenssätze des Apostolischen Glaubensbekenntnisses leugnen. Dabei fällt mir eine andere »Blasphemie« ein, wie sie häufig im Zen wiederholt wird, nämlich, wenn man aufgefordert wird: »Wenn du dem Buddha begegnest, erschlage ihn!« Genauso könnte man zu den Christen sagen: »Wenn ihr Christus begegnet, kreuziget ihn!«

Solche Aufforderungen sind in der Tat bizarr, ja schockierend, aber das sind sie ganz bewusst. Denn »Lehren« und »heilige Bilder« können einfach zusätzliche Hindernisse werden, die einen davon abhalten, das direkt zu erkennen, was sie ursprünglich vermitteln sollten.

Der Buddhismus selbst begann mit einer eindrucksvollen religiösen Erfahrung – der weitreichenden Erfahrung der Erleuchtung von Gautama, die seine Haltung und seine ganze Persönlichkeit total veränderte. Es war eine dynamische Erfahrung, die fortan seine Biographie inspirierte und all die beeinflusste, die direkt oder indirekt mit ihm in Kontakt kamen. Die buddhistischen Lehren wurden hauptsächlich formuliert, um diese Erfahrung in Worte und Begriffe zu fassen und zu systematisieren (ein vergeblicher Versuch von Anfang an!) und sie auf andere zu übertragen (was unmöglich ist!). Aber wer die in Worte und Begriffe gefasste und systematisierte Lehre beherrscht, begreift deshalb nicht unbedingt den wesentlichen Punkt, nämlich die Erfahrung dieser Erleuchtung, den Quell der befreienden Weisheit. Im Gegenteil, eine solche Formulierung und Systematisierung kann oft verhindern, dass diese befreiende Weisheit zum Vorschein kommt.

Die Funktion der Lehren im Buddhismus wird häufig mit einem Floß verglichen: Es kann dazu dienen, einen übers Wasser zu befördern, aber einmal ans Ufer gelangt, sollte man sich nicht weiter damit belasten. Aber hier, im *Herz-Sutra*, wird das Floß mitten im Strom verlassen – nur so kann man entdecken, dass das, wonach man Ausschau hält, worauf man von Anfang an abzielt, genau hier mitten im Wasser ist!

Somit ist die Aufforderung, den Buddha zu töten, wenn man ihm auf dem Weg begegnet, nichts anderes als der Befehl, die eigenen mentalen Bilder vom Buddha ebenso wie den Gegensatz von »Buddha« und »Nicht-Buddha« oder »normaler Mensch« zu beseitigen. Wenn das Bild auf diese Weise eliminiert ist, kommt das Eigentliche zum Vorschein, und dann vermag man alles mit den Augen des Buddha selbst zu schauen, mit dem Auge der Nichtunterscheidung, das alle derartigen Gegensätze transzendiert.

Die parallele Aufforderung an den Christen, »Christus zu kreuzigen«, mag sich anders anhören, aber ihr Sinn und Zweck ist der gleiche – all unsere frommen Bilder von Christus auszuräumen und ihm damit »seinen Ort zuzuweisen«, und der ist am Kreuz, wo er mit allen Lebewesen in ihrem Leiden eins ist, wo er in totaler Entleerung *(kenosis)* auf nichts reduziert ist. »Er, der in göttlicher Gestalt war, hielt es nicht für einen Raub, Gott gleich zu sein, sondern entäußerte sich selbst und nahm Knechtsgestalt an, war den Menschen gleich und der Erscheinung nach als Mensch erkannt. Er erniedrigte sich selbst und ward gehorsam bis zum Tode, ja zum Tode am Kreuz« (Philipper 2,6–8). Gerade dieses totale Leerwerden am Kreuz führt zum Beginn des neuen Lebens der Auferstehung und zum Sichergießen des Atems Gottes, das die Erlösung des ganzen Universums bezeichnet. Und für den Christen ist dies nicht bloß ein vergangenes Ereignis, das vor etwa zweitausend Jahren irgendeinem galiläischen Wanderprediger widerfuhr, sondern hier und jetzt eine gegenwärtige Wirklichkeit. Die Basis des christlichen Lebens sind dieses Kreuz und die Auferstehung, die totale Selbstentäußerung und die totale Neuheit des Lebens. Damit wollen wir hier nicht eine theologische Aussage machen, sondern die Aufforderung beherzigen, dieses Ereignis als gegenwärtige Wirklichkeit direkt zu erleben. »Ich lebe, doch nun nicht ich, sondern Christus lebt in mir« (Galater 2,20) – hier wird Christus gekreuzigt und ersteht wieder auf in der Neuheit des Lebens, mit der vollen Autorität im ganzen Universum versehen.

Die Verneinung der Lehren und Begriffe ist weder Agnostizismus noch intellektuelle Verantwortungslosigkeit und Anarchie, sondern eine Aufforderung, die Wirklichkeit zu erfahren, die den Lehren und Begriffen zugrunde liegt.

Ein letztes Beispiel. Die Leugnung von Gottes Existenz wird gewöhnlich als das Bejahen einer atheistischen Weltanschauung interpretiert. Aber damit wird eigentlich nur die entgegengesetzte Lehre von Gottes Nichtexistenz aufgestellt. Die befreiende Weisheit würde beides ablehnen und stattdessen dazu auffordern, die Wirklichkeit von »Gott« zu erfahren, wie sie sich in jedem gegenwärtigen Augenblick manifestiert. Dies ist die Aufforderung, alles mit den Augen Gottes zu sehen, wie es ist – die größte Blasphemie und doch zugleich das größte Wunder: Alles ist erfüllt von »der ganzen Gottesfülle« (Epheser 3,19). Doch dies darf wiederum auch nicht als Pantheismus missverstanden werden, also als die Lehre, die alles mit Gott gleichsetzt. Wir sprechen hier nicht von einer Lehre oder Doktrin, sondern einfach von einer Aufforderung, mit den Ohren und Augen des Herzens zu hören und zu sehen. »Selig sind, die reinen Herzens sind; denn sie werden Gott schauen« (Matthäus 5,8). Dieses Schauen wird uns nur aus der Sicht der befreienden Weisheit zuteil. Ein klarer blauer Himmel, ohne dass das kleinste Wölkchen das schauende Auge trübt!

Die Wahrheit vom Leiden

Zu den buddhistischen Lehren, die das *Herz-Sutra* der Verneinung anheim stellt, gehören auch die Vier Edlen Wahrheiten: die Wahrheit vom Leiden samt den dazugehörigen Wahrheiten von der Entstehung des Leidens, von der Aufhebung des Leidens und vom Weg, der zur Aufhebung des Leidens führt. Die Wahrheit vom Leiden drückt ein ziemlich fundamentales Merkmal unserer menschlichen Existenz aus, und ihre Verneinung im *Herz-Sutra* stellt uns erneut vor eine nackte Wand.

Gautama brach zu seiner religiösen Reise auf, um den Schlüssel zum Geheimnis des menschlichen Leidens zu suchen. Jesus krönte seine kurze irdische Laufbahn damit, dass er voll und ganz das tiefe Leiden und einen schmählichen Tod am Kreuz akzeptierte. Dem Leiden begegnen wir, in unterschiedlicher Stärke, als einer eklatanten Tatsache in unserem Alltagsleben. Schon eine oberflächliche Betrachtung der Lage der heutigen Welt konfrontiert einen mit dieser Tatsache. Millionen von Menschen sind dem Verhungern nahe und ständig vom Tod bedroht. Zahllose Flüchtlinge werden aus politischen, sozioökonomischen und anderen Gründen von Orten vertrieben, die sie ihre Heimat nennen können. In Asien, Afrika und Lateinamerika wird einer Unzahl von Leuten das für eine menschliche Existenz unabdingbar Notwendige aufgrund schreiend ungerechter sozialer Strukturen vorenthalten. Industriearbeiter in verschiedenen Ländern leiden ständig unter skandalösen Arbeitsbedingungen und werden eher als bloße Werkzeuge für den Profit denn als menschliche Wesen behandelt. Zahllose Einzelne und Gruppen auf der ganzen Welt werden wegen ihrer Rasse, ihrer Religion, ihrer Hautfarbe, ihres Geschlechts, ihrer politischen Überzeugungen und so weiter diskriminiert und verfolgt. Die Liste ist wirklich endlos.

All dem liegt die Annahme zugrunde, das Leiden sei ein unerwünschtes Element, das die Menschheit mit allen ihr zur Verfügung stehenden Mitteln aus ihrer Existenz ausmerzen möchte, und eine ideale Existenz wäre frei von solchem Leiden. Daher neigen wir dazu, zwischen dieser Welt des Leidens, diesem »Tal der Tränen« und der »anderen Welt«,

»dem anderen Ufer« zu unterscheiden, wo all solches Leiden aufgehoben, wo alles Seligkeit sei, ob dies nun das buddhistische Nirvana, der christliche Himmel oder irgendeine Form einer irdischen Utopie ist. Einen solchen Zustand zu erlangen ist die Hoffnung, die ewig im menschlichen Herzen lebt.

Wie sollen wir dann die Verneinung der Wahrheit vom Leiden im *Herz-Sutra* verstehen, worin es heißt, es gebe »kein Leid, keinen Ursprung, keine Beendigung, keinen Pfad« zur Beendigung des Leidens? Was bedeutet dies für den Vater der achtköpfigen Familie, deren Elendshütte gerade von Regierungstruppen eingerissen wurde, um für die Errichtung eines Hotels und Touristenzentrums Platz zu machen? Oder für ein junges Ehepaar, das vom Arzt erfahren hat, dass sein erstes, noch nicht einmal ein Jahr altes Kind an einer durch Unterernährung verschlimmerten Hautkrankheit sterben wird? Oder für einen politischen Häftling, der vom Militär übelsten Verhörmethoden unterzogen und körperlich misshandelt und mit Entzug von Schlaf und Nahrung bestraft wird?

Eine Ahnung, wie die Antwort lauten könnte, bekam ich vor vielen Jahren während eines Treffens mit einer Gruppe von Bauern und ihren Familien in einem Elendsviertel im nördlichen Teil der Philippinen während der Marcos-Diktatur. Ein paar Wochen vor diesem Treffen waren zehn von ihnen von Militärs aufgegriffen, misshandelt und gefoltert und wieder nach Hause geschickt worden, bis auf drei, deren Leichen man später bis auf die Knochen verbrannt fand, als man sie aus einem Massengrab auf dem Friedhof der nächsten Kleinstadt exhumierte. Und nun hatten sich die trauernden Hinterbliebenen und einige mitfühlende Freunde versammelt, berichteten von weiteren Ausschreitungen und beratschlagten, was man dagegen tun solle. Das Militär würde wohl mit seinen Schikanen fortfahren, voll bewaffnet in die Häuser der Bauern eindringen, auf der Suche nach bestimmten Familienangehörigen, die wiederum gezwungen waren, sich zu verstecken. Und bis sie sie fanden, würden die Soldaten ihnen alles wegnehmen, was sie noch hatten – Hühner, Vieh und so weiter.

Es wäre zu kompliziert, den ganzen Hintergrund der Situation zu beschreiben, aber diese Gruppe von Bauern und ihren Familien befand sich in einem ausweglosen Dilemma. Sollten sie die von den Behörden gesuchten Familienmitglieder ausliefern? Einige von ihnen waren halbwüchsige Mädchen, und ihr Schicksal konnte man sich unschwer vorstellen, wenn sie in die Hände der Soldaten fallen würden. Die Menschen wussten, wenn sie sich weiterhin weigerten und ihre Angehörigen versteckten, würden diese Schikanen nie enden. Solange sich an der Situation nichts änderte, würden sie nicht mehr auf ihren Feldern arbeiten können, und damit war die Grundlage ihres Lebens gefährdet. Mit anderen Worten: Angesichts der Alternativen gab es für sie keinen Ausweg. Sie waren mit einem lebendigen Koan konfrontiert, einem Koan auf Leben und Tod.

Genau dieses lebendige Koan führte sie an den Nullpunkt. Und bei diesem Treffen, bei dem ich dabei sein durfte, kam es zu einer gemeinschaftlichen Erfahrung des Nullpunkts. Ihr Leben war von jeder möglichen menschlichen Hoffnung entleert, und sie hatten buchstäblich nichts mehr zu verlieren. Und genau in dieser Situation, in der sie von allem entleert waren, verspürten alle eine neue Freiheit, ein neues Licht. Einer von ihnen fasste es mir gegenüber in die Worte: »Gott ist bei uns. Wir brauchen keine Angst zu haben!« Und darin drückte sich nicht bloß »Hoffnung« oder »Glaube« aus, sondern eine erlebte Wirklichkeit, die in der Ruhe ihrer Gesichter aufschien, in der Unbeschwertheit und dem Freiheitsgefühl, die sich genau in diesem Augenblick einstellten. »Gott ist bei uns. Wir brauchen keine Angst zu haben!«

Meine Schilderung wird der konkreten Erfahrung dieses Treffens nicht gerecht. Da war eine Gruppe physischer und mentaler Angst und Verfolgung ausgesetzt, mit einem ausweglosen Dilemma konfrontiert, und dann akzeptierte sie sich und ihre Lage, so, wie sie nun einmal waren, und erlebte etwas, das sie von solchem Leiden befreite, während sie sich gerade mitten darin befand. Es war eine menschliche Erfahrung von etwas, das reiner Freude und Freiheit und Frieden nahe kam, und zwar angesichts ihres genauen Gegenteils. Nullpunkt.

Ich weiß nicht, was mit den Angehörigen der Gruppe danach geschah. Einige werden wohl vom Militär verschleppt, vielleicht sogar umgebracht worden sein. Ich weiß nicht, wie die Zukunft derer aussah, die sich mit uns an jenem Tag in diesem Kreis befanden. Ich weiß nur eines: Was auch immer danach geschah – die Worte, die die gemeinsame Erfahrung des Nullpunkts hervorbrachte, hallen in meinem eigenen Sein noch heute als eine allgegenwärtige Wirklichkeit wider: »Gott ist bei uns. Wir brauchen keine Angst zu haben!«

Wir müssen uns nicht darin verzetteln, diese Worte zu »analysieren« oder zu interpretieren, nach Definitionen zu suchen, die Bedeutung der verwendeten Begriffe in Frage stellen zu wollen, zum Beispiel »Gott« – in vielerlei Hinsicht ein problematischer Begriff. (Allerdings werden wir in dem Kapitel »Die Zen-Erfahrung des Mysteriums der Dreifaltigkeit« diese Frage ansprechen.) Für die Dorfbewohner entstanden diese Worte spontan aus einer tief empfundenen christlichen Überzeugung, die die Mitglieder dieser Gruppe miteinander verband. Wir werden einfach aufgefordert, unser inneres Auge zu öffnen und zu sehen, was sie von innen, vom Nullpunkt aus »sahen«. Und genau von diesem Nullpunkt aus erklärt das *Herz-Sutra*: Es gibt »kein Leid, keinen Ursprung, keine Beendigung, keinen Pfad« zur Beendigung des Leidens.

Keine ursprüngliche Weisheit, kein Erlangen

Eine weitere rätselhafte Aussage des *Herz-Sutra* scheint alles zunichte zu machen, wofür das Sutra eigentlich steht: Es gibt »keine ursprüngliche Weisheit, kein Erlangen«. Erneut befinden wir uns mitten in einem scheinbaren Selbstwiderspruch, nach all diesem Reden von befreiender Weisheit und den Möglichkeiten, sie zu erlangen.

Wir sollten allerdings bedenken, dass diese Äußerung vom Standpunkt dieser Weisheit selbst aus erfolgt, die in einem Glanz so hell wie das Mittagslicht erstrahlt. An einem strahlenden, klaren und wolkenlosen Tag erhellt das reine weiße Licht der Sonne alle Dinge genau so, wie sie sind. Es ist das reine weiße Licht, das uns alles sehen lässt, selbst jedoch nicht ins Blickfeld rückt. Genauso erleuchtet die befreiende Weisheit zwar alle Dinge und ermöglicht es, alles so zu sehen, wie es ist, aber sie selbst rückt nicht ins Blickfeld – sie ist sich ihrer eigenen Existenz nicht bewusst!

Gerade das kommt der totalen Freiheit und der Distanziertheit der befreienden Weisheit zugute. Sie verweist nicht auf ein Selbstbewusstsein, das sich selbst als »klug« versteht, im Gegensatz zu etwas anderem, das es für »dumm« hält. Diese Selbstvergessenheit und das totale Fehlen von Selbstbewusstsein sorgen dafür, dass der in der befreienden Weisheit gereifte Mensch in der Masse kaum auffällt. Kein Glanz, kein Blenden, kein Protzen lenkt die Aufmerksamkeit auf sich.

Im Zen erschaut jemand, der zu einer gewissen Erleuchtungserfahrung gelangt, zum ersten Mal eine völlig neue Welt und verharrt für einige Zeit im Banne des Neuen, des Staunens, der Strahlkraft dieser neuen Perspektive. In diesem Stadium unmittelbar nach jener Erfahrung geht ein gewisses Geblendetsein, ein gewisses Bewusstsein mit den starken Emotionen einher, die die Erfahrung vielleicht ausgelöst hat. Verständlicherweise hängt man ein wenig an der Erleuchtungserfahrung, weil sie etwas ganz Intimes, ganz Kostbares ist, etwas, das sich eindeutig auf die ganze Einstellung zum Leben und zum Universum auswirkt. Aber wenn dies außer Kontrolle gerät, führt das leicht zur so genannten »Zen-Krankheit«, einer übertriebenen Begeisterung für zenartige Ausdrucksformen und dieses ganze Brimborium, verbunden mit einem anormalen Hang, in normalen Unterhaltungen auf Zen zu sprechen zu kommen, selbst wenn dies völlig deplatziert ist, einem Übereifer, andere zum Zen zu »bekehren«. Oder vielleicht noch schlimmer: Ungewollt erliegt man der Versuchung des Stolzes, weil man eine Erfahrung gemacht hat, die andere nicht gemacht haben, und auf eine plumpe Weise fängt man an, mit dieser Tatsache zu prahlen.

Aber die wahrhaft gereifte befreiende Weisheit gerät nicht in eine derartige Falle. Daher ist es die Aufgabe der Praxis nach der Erleuchtung, mit Hilfe entsprechender Koans diesen Glanz abzuschleifen, diese selbstbewusste Bindung an die Erfahrung abzustreifen. Damit soll es dem Praktizierenden ermöglicht werden, wieder sein normales Selbst zu werden, in allen Dingen als normaler Mensch zu reagieren, etwas zu essen, wenn er hungrig ist, sich auszuruhen, wenn er müde ist, sich zu wärmen, wenn ihm kalt ist, Empörung angesichts einer Ungerechtigkeit, Mitgefühl für das Leiden anderer zu empfinden. Und doch ist nun alles anders. Bei all diesen Begebenheiten und Begegnungen im täglichen Leben ist dieser Mensch in Frieden mit seinem wahren Selbst, eins mit dem ganzen Universum. Jede Begebenheit, jede Begegnung erschöpft sein ganzes Selbst, und es bleibt noch unendlich viel zu geben. Jeder Augenblick ist eine vollständige Verwirklichung des wahren Selbst in jeder konkreten Situation. Aber bei all dem muss man nicht lange nachdenken und dann sagen: »In diesem Handeln bin ich eins mit dem Universum.« Man ist es einfach, und das ist schon alles.

Genauso wie die befreiende Weisheit sich ihrer eigenen

Existenz nicht bewusst ist, weiß auch das wahre Mitgefühl, das aus ihr entspringt und durch das totale Fehlen von Selbstbewusstsein charakterisiert ist, nichts von sich. Der wahrhaft mitfühlende Mensch wird spontan eins mit einem anderen im Leiden. Er muss nicht innehalten und dann sagen: »Ach, das tut mir aber Leid!«, als ob er sich außerhalb des Schmerzes befände. Man ist spontan fähig, jenen Schmerz sich ganz zu Eigen zu machen und damit aus dem Schmerz selbst heraus entsprechend zu reagieren. Eine Mutter, die sich gerade um ihr krankes Kind kümmert, muss nicht sagen: »Ach, das arme Kind.« Denn der Schmerz des Kindes ist ihr ureigener Schmerz, und sie empfindet den Schmerz vielleicht noch mehr als das Kind selbst und vergisst völlig ihre eigenen Beschwerden, indem sie dem Kind die Pflege angedeihen lässt, die es in seiner Krankheit braucht.

Daher zählt wahres Mitgefühl nicht seine »Verdienste« und wird nicht selbstgefällig, weil es eine »gute Tat« getan hat. Wenn zum Beispiel im Neuen Testament jemand, der zwei Mäntel hat, aufgefordert wird, einen davon jemandem zu geben, der keinen hat, wird es dem Geber nicht in den Sinn kommen zu sagen: »Oh, ich habe etwas Gutes getan, als ich meinen anderen Mantel hergegeben habe – zumindest erwarte ich ein Gefühl von Dankbarkeit bei dem armen Teufel!« Denn man hat einfach das getan, was in dieser Situation ganz natürlich ist, so wie Wasser von einem höheren zu einem tieferen Ort fließt, ohne das geringste Gefühl von Herablassung. Im wahren Mitgefühl, das auf befreiender Weisheit basiert, weiß die linke Hand nicht, was die rechte tut (Matthäus 6,3).

An dieser Stelle muss ich an die Geschichte von zwei Zen-Mönchen denken, einem jungen Mann und seinem älteren Gefährten, die nach einer Besorgung in Tokio in einem überfüllten Zug zurück nach Kamakura fuhren. Der junge Mönch bemühte sich, eine Haltung zu bewahren, die sich für einen

Mönch geziemte, weil er die Blicke der anderen Passagiere auf sich gerichtet glaubte. Der Ältere hingegen sah erschöpft aus und wackelte unentwegt im Halbschlaf mit dem Kopf, während er dastand und sich an der Lederschlaufe festhielt, um nicht umzufallen. Als sie an ihrer Station ankamen, schalt der junge Mönch beinahe den älteren, weil er für andere Menschen das Bild eines träge und faul aussehenden alten Mönchs abgegeben habe. Daraufhin erwiderte der ältere Mönch einfach: »Ich war müde und schläfrig!«

Wenn wir das, was der ältere Mönch sagte, »übersetzen« sollen, um die Pointe der Geschichte herauszuarbeiten, dann kommen wir auf Folgendes: »Dein Selbstbewusstsein im Hinblick darauf, wie andere Menschen von dir denken, ist deine Bindung. Sei dein natürliches Selbst, allein oder bei anderen. Wenn du müde und schläfrig bist, dann bist du eben müde und schläfrig!«

Erst wenn man fest in der befreienden Weisheit ruht, kann man wahrhaft und freimütig sagen: »Es gibt keine Weisheit.« Von demselben Standpunkt aus kann man sagen: »Es gibt kein Erlangen.« Denn was kann jemand erlangen, der beim höchsten Erlangen verweilt? Oder aus einem anderen Blickwinkel betrachtet: Die befreiende Weisheit kommt einfach zum Vorschein, so wie Wolken der Täuschung, die das reine weiße Licht verstellen, verschwinden. Das ist kein Erlangen, sondern einfach ein Ankommen bei dem, was von Anfang an da gewesen ist. Und so wie die von unserem um sich selbst kreisenden Denken verursachten Wolken der Täuschung verschwinden oder verblassen, wird der Suchende von aller Behinderung des Geistes und damit von Furcht und Angst befreit. Wer alle täuschenden Bindungen abgeworfen hat, hat nichts mehr zu verlieren, nichts mehr zu gewinnen. *Man ist einfach, wie man ist!* Welcher Geistesfrieden, welche Freiheit, welche erhebende Freude! Dies ist das Nirvana, die vollkommene universelle Erleuchtung *(annuttara-samyaksambodhi)*, in der alle Buddhas der Vergangenheit, Gegenwart und Zukunft verweilen.

Das Herz-Sutra *als Mantra*

Die letzten Zeilen des Sutra preisen es als ein großartiges, leuchtendes, unübertroffenes und höchstes Mantra und enden mit einer Sanskrit-Formel des Mantra. Dieses Wort »Mantra« bedeutete ursprünglich eine Formulierung oder Formel, die man sich merken und wiederholt rezitieren soll, damit sich der Geist des Praktizierenden auf einen Punkt konzentriert. Daraus entwickelte sich eine Formel von dynamischer Kraft, die in der Lage ist, den Rezitierenden mit aller Energie im ganzen Universum zu vereinen. Somit glaubt man, dass das Rezitieren des *Herz-Sutra* an sich die Erleuchtung im Akt des Rezitierens selbst bewirkt, so wie nach christlichem Verständnis die Sakramente die Kraft haben, zu bewirken, worauf sie abzielen, nämlich die Vereinigung mit Gott, und zwar im Akt ihres Verabreichens.

In diesem Sinne ist der Glaube, dass die Freisetzung der befreienden Weisheit in gewisser Hinsicht das A und O des *Herz-Sutra* ist, nicht völlig unbegründet. Das ganze *Herz-Sutra* als solches ist, wie wir eingangs sagten, wie ein Finger, der zum Mond zeigt, der in einer wolkenlosen Nacht in seinem ganzen Glanz erstrahlt. Somit kann das ernsthafte Rezitieren des *Herz-Sutra* ein Auslöser für jene Erleuchtungserfahrung werden. Aber ungeachtet dessen, was die letzten Zeilen des *Herz-Sutra* zu sagen scheinen, muss es nicht das *Herz-Sutra*-Mantra sein. Es kann auch der Klang eines Gongs, das Ticken einer Uhr, ein Niesen, das Lächeln eines Freundes sein. Ein Tautropfen, ein Flüstern, eine sanfte Brise. Schau, wie strahlend!

4 Jeder Tag ist ein guter Tag

ZU BEGINN DES SECHSTEN MUSTERBEISPIELS im *Bi-Yän-Lu*, den *Aufzeichnungen des Meisters vom Blauen Fels*, wendet sich Meister Yün-Men an seine Schüler: »Ich frage euch nicht nach den Tagen vor dem Fünfzehnten des Monats. Über die Tage nach dem Fünfzehnten jedoch möchte ich ein Wörtchen von euch hören.«

Zunächst einmal spielt das Koan konkret auf den zunehmenden Mond (die ersten fünfzehn Tage) und den abnehmenden Mond (die letzten fünfzehn Tage) an. Von entscheidender Bedeutung aber ist hier der Vollmond oder die Erfahrung des *kensho*, der Selbsterkenntnis. Somit bezeichnen die »Tage vor dem Fünfzehnten des Monats« die Zeit vor der Erleuchtung, eine Zeit des Suchens und Erkundens und »Mu-ens«, in der man sich ganz und gar bemüht, dem wahren Selbst zum vollen Licht zu verhelfen.

Die »Tage nach dem Fünfzehnten« beginnen mit der Erfahrung der Erleuchtung und setzen sie voraus. Diese Erfahrung besteht in der Entdeckung, dass das eigene wahre Selbst mit allem eins ist und sich von keiner Besonderheit im ganzen Universum unterscheidet. Dies ist die Erfahrung des »Vollmonds« des eigenen Lebens. Ja, in dieser Erfahrung, die voller Freude, Frieden und innerer Befriedigung ist, erblickt man die konkrete Bedeutung der eigenen Existenz, und zwar nicht als eine intellektuelle Vorstellung, sondern als eine ganz und gar reale Tatsache. Damit ist man voll und ganz in Frieden und eins mit sich und dem ganzen Universum, und selbst angesichts des Todes ist man mit allem im Reinen. Für den Erleuchteten, und nur für diesen Menschen, ist jeder Tag wahrhaft ein guter Tag. Entscheidend bei diesem Koan ist es, dass man diesen »guten Tag« erkennt. »Herr, nun lässt du deinen Diener in Frieden fahren, wie du gesagt hast; denn meine Augen haben deinen Heiland gesehen.« Die Worte des Propheten Simeon in Lukas 2,29–32 spiegeln diese Art von Freude darüber wider, dass man bei dem angelangt ist, was man erwartet und wonach man sich während einer langen und entbehrungsreichen Zeit gesehnt hat. Ich muss dabei an andere Worte denken, die irgendwie ein Teil von mir geworden sind: »Diese meine Freude ist nun erfüllt« (Johannes 3,29).

Die Erfahrung des »Vollmonds« ist zwar bei jedem Einzelnen unterschiedlich, doch sie ist so reich an emotionalen Ober- und Untertönen, dass sich der Glanz und das Strahlen erst nach einiger Zeit legen können. Bei einem fehlgeleiteten Schritt kann einen die so genannte »Zen-Krankheit« überkommen, bei der man ohne jeden Zusammenhang ständig auf diese Erfahrung verweist oder im Gespräch mit Zen-Begriffen und -Formulierungen um sich wirft, wenn es gar nicht erforderlich ist. Da kann man fast so etwas wie ein Zen-Verrückter werden, der jeden, der ihm über den Weg läuft, zu dieser »ganz wunderbaren Sache« zu bekehren versucht. Gewiss, Zen mag bei einem selbst Wunder bewirkt haben, aber für den unbeteiligten Zuschauer oder das unglückliche Opfer des Zen-Geredes ist es oft einfach nur ein exotischer Tick.

Dicht daneben allerdings liegt der gesunde Zen-Weg, der danach verlangt, weiterhin unermüdlich die groben Kanten abzuschleifen und zu runden. Das Koan-Training nach dem Kensho ist somit ein ungeheuer wichtiges Element und kann den feinen Unterschied zwischen einem pathologischen und einem gesunden Zen-Geist bedeuten.

Wenn wir wieder zum Mondvergleich zurückkehren, erkennen wir, dass die letzten fünfzehn Tage zu einer Rückkehr zur totalen Finsternis des »Neumonds« hin verlaufen. Es ist eine Zeit, in der man die Bindung an die Kensho-Erfahrung als solche abwirft, die in einem Punkt kulminiert, an dem es keinen Glanz und kein Strahlen mehr gibt und man völlig inmitten der Finsternis verloren ist, das heißt in der nackten Wirklichkeit dieser alltäglichen Existenz. Natürlich ist alles ganz anders, entschieden anders als vor der Erfahrung des Vollmonds. Nun ist man im Frieden, eins mit sich selbst und mit der Totalität des Universums und hängt nicht mehr bekümmert an seinem Namen oder seiner Ehre, an seinen Reichtümern oder seinem Selbstverständnis. Man ist einfach da, bei jedem Atemzug, jedem Husten, jedem Schritt, jedem Ereignis, jeder Begegnung, und zwar bis zum Äußersten.

Und genau nach diesen »letzten fünfzehn Tagen« erkundigt sich Meister Yün-Men. Und er beantwortet seine Frage gleich selbst.

Man kann diese Antwort leicht missverstehen und glauben, Meister Yün-Men meine damit, alles sei an jedem Tag einfach gut. Wir dürfen uns jedoch von den Worten hier nicht in die Irre führen lassen. Meister Yün-Men spricht von den Tiefen der Welt der Leere, *de profundis*, aus der Tiefe, und nicht über Ereignisse in der Welt der Phänomene.

Ähnlich formuliert es das erste Buch Mose, wenn es beschreibt, wie Gott Himmel und Erde, Pflanzen, Tiere und Menschen schuf: Gott betrachtete das ganze Universum seiner Schöpfung, alles und jedes darin, und »sah, dass es gut war«. Dies ist eine totale und bedingungslose Bestätigung von allem und jedem, wie es ist.

Auch diese Formulierung handelt nicht von einzelnen Phänomenen oder davon, ob Dinge in der Welt der Phänomene gut oder böse sind. Diese sprachliche Dichotomie führt ja gerade zu solchen Fragen wie: Wenn Gott alles geschaffen hat und sah, dass es gut war, warum gibt es dann so viel Böses auf der Welt? Unschuldige Babys, die an Krankheit und Hunger sterben, unschuldige Menschen, die brutal ermordet oder vom Militär schikaniert werden, elitäre Schichten, die sich auf Kosten der Masse bereichern, die immer mehr verarmt. Und so weiter. Ja, wir leben in einer Welt voller Widersprüche, erfüllt vom Bösen, von Leiden und Unrecht. Verschließt Meister Yün-Men die Augen vor dieser Wirklichkeit?

Nein, überhaupt nicht. Wenn man an diesem Koan im Dokusan-Raum arbeitet und eine Situation darstellt, in der jeder Tag schönes Wetter ist, alles glatt läuft, die Geschäfte besser gehen, alle glücklich sind, und so weiter, wird man wieder hinausgeschickt, um sich die reale Welt anzuschauen und dann eine Antwort vorzulegen, die darauf basiert.

Damit man vom wahren Standpunkt der Erleuchtung aus sagen kann »Jeder Tag ist ein guter Tag«, muss man die Welt entschieden so begreifen, wie sie ist, und sich nicht ein Bild von irgendeiner utopischen Welt machen, in der es niemals regnet und nur die Sonne scheint, wie in Südkalifornien.

Darum wollen wir diese unsere Welt ganz nüchtern betrachten, um die wahre Bedeutung der Worte von Meister Yün-Men zu begreifen.

Vor kurzem erfuhr ich, dass ein ehemaliger Kommilitone am College während eines Gefechts in einem ländlichen Gebiet auf den Philippinen umgekommen war. Er lebte seit vielen Jahren »im Untergrund«, weil er jede Hoffnung aufgegeben hatte, dass sich mit konventionellen, legalen und politischen Mitteln etwas ändern ließe. Ich erinnerte mich daran, dass er am College ein aktiver Studentenführer gewesen war, voller Hoffnung, voller Sorge für sein Land und sein Volk. Und mit ihm, der lediglich seinem Gewissen gefolgt war, nahm es ein derart tragisches Ende.

Und er ist nicht der Einzige. Zahllose Menschen verlieren ihr Leben auf ähnliche Weise, wenn sie nicht schweigen angesichts des Unrechts, das tagtäglich verübt wird. Viele von denen, die sich gegen die etablierte Ordnung in ihrer Gesellschaft auflehnen, die in erster Linie ihren Mitmenschen dienen und deren Leid lindern wollen, sich für deren Rechte einsetzen und ihnen helfen, als Menschen behandelt zu werden – sie werden als subversive Elemente oder als Terroristen gebrandmarkt, werden nun entweder eingesperrt oder unablässig schikaniert.

Gegenwärtig leben von den sechs Milliarden Bewohnern unseres Planeten über 900 Millionen in absoluter Armut und drohen zu verhungern. Man schätzt, dass jede Minute auf unserer Erde 27 Menschen an Hunger oder aus anderen damit verbundenen Gründen sterben. Genau in dem Augenblick, da Sie dies lesen, kommt es an verschiedenen Orten auf der ganzen Welt zu solchen Todesfällen. Zahllose Menschen werden ihrer Grundrechte beraubt und müssen im Unrecht leben, ohne an den Ressourcen und Produktionsmitteln der Welt teilzuhaben.

Bedrohlich für die Menschheit ist inzwischen auch die fortschreitende Zerstörung unserer natürlichen Umwelt. Die Ressourcen der Erde werden durch zügellose und gedankenlose Ausbeutung erschöpft, nur um die luxuriösen Konsumgewohnheiten derer zu befriedigen, die Geld und Macht haben, auf Kosten derer, die kein Geld und keine Macht haben. Bezeichnend für diese Situation ist es, dass es bis zum Jahr 2020 praktisch keine Regenwälder in der Dritten Welt mehr geben wird, wenn das Abholzen und Roden im gegenwärtigen Tempo weitergeht. Man schätzt, dass allein in Asien die Waldfläche pro Jahr um 1,8 Millionen Hektar abnimmt. Und damit ist die Zerstörung der Umwelt aus anderen Gründen noch gar nicht erfasst, etwa die Verschmutzung durch groß angelegte Industrieprojekte oder die durch Kernkraft verursachte Strahlung, wobei all dies auf der globalen Ebene zunimmt.

Ferner droht natürlich auch die Militarisierung unseres Globus. Weiterhin erzeugen und lagern wir Massenvernichtungswaffen. Ständig werden Waffen hergestellt und an autoritäre und repressive Regime verkauft, die damit die Unzufriedenheit im Volk in Schach halten wollen.

Wir leben somit in einer Welt voller Widersprüche. Diese Situation erinnert an das Gleichnis vom brennenden Haus im *Lotos-Sutra*, einer berühmten Mahayana-Schrift. Der Buddha, der hier als mitfühlender Vater aller Lebewesen dargestellt wird, betrachtet die Weltlage und vergleicht sie mit einem Haus, das brennt und zusammenzubrechen droht. Seine Kinder ignorieren diese Tatsache und tollen und spielen im Haus weiter herum, ohne sich der drohenden Zerstörung bewusst zu sein.

Dies also ist die reale Welt, mit der wir uns auseinander setzen müssen, bevor wir uns weiter mit Meister Yün-Mens Koan beschäftigen können.

Aber einen Hinweis auf dieses Koan gibt uns auch ein Eintrag in den »Verschiedenen Koans nach Kensho« über den Stein auf dem Grund der See von Ise:

In der See von Ise, zehntausend Fuß tief, liegt ein einzelner Stein.
Ich möchte diesen Stein heraufholen, ohne mir die Hände nass zu machen.

Ich erspare mir hier eine Erklärung dieses Koan (Näheres dazu in dem Kapitel »Die Zen-Erfahrung des Mysteriums der Dreifaltigkeit«), sondern weise einfach darauf hin, dass es darin weiter heißt, jener geheimnisvolle Stein »kann nicht nass werden«, doch auch »nicht trocken werden«. Diese beiden scheinbar widersprüchlichen Eigenschaften des Steins, den wir auch den Stein unseres wahren Selbst nennen können, tragen zum Verständnis von Meister Yün-Mens Aussage »Jeder Tag ist ein guter Tag« bei. »Kann nicht nass werden« bedeutet nämlich, dass es in dieser Welt absolut keinen Gegensatz gibt, weder ein Objekt, das nass gemacht werden kann, noch ein Subjekt, das etwas nass macht, oder andersherum. Es gibt keine Polarität von Subjekt und Objekt, von Geborenwerden und Sterben, Glück und Kummer, Gut und Böse. »Kann nicht trocken werden« bedeutet, dass Tränen des Mitgefühls ständig fließen in dieser konkreten Welt, wo Lebewesen sich in einem Zustand des Leidens befinden. Und beide Eigenschaften dieses »geheimnisvollen Steins« beschreiben die Situation aus der Sicht der Welt der Leere als solcher.

In diesem Zusammenhang fallen mir die Worte eines Weisen aus Indien ein, der gesagt hat: »Was du bist, ist die Welt.« Dem müssen wir hinzufügen: »Was die Welt ist, ist das, was du bist.« Dies heißt, die Dinge so zu sehen, dass sich der Gegensatz zwischen uns und der »Welt« auflöst. Die »Welt« ist, »was wir sind«. Die Welt ist nicht etwas außerhalb von uns, etwas, das wir als unbeteiligte Zuschauer betrachten und dessen Kümmernisse und Übel wir beklagen. Nein, was der ganzen Welt als solcher geschieht, ist das, was unserem ureigenen wahren Selbst geschieht. Die Krankheit der Welt ist unsere ureigene Krankheit. Dies ist die Krankheit des Bodhisattva – eine Krankheit, die zugleich auch die Hoffnung und Erlösung aller Lebewesen ist. Christlich gesprochen, ist sie die Wirklichkeit des Kreuzes Christi, der das Leiden der Welt auf sich nimmt.

Nur wer dieses Reich erfahren hat, eins mit allen Gekreuzigten der Welt ist, kann mit Meister Yün-Men wahrhaft sagen: »Jeder Tag ist ein guter Tag.«

5 Der »Preisgesang des Zazen«

Alle Geschöpfe sind im Grunde Buddhas,
gleich wie Wasser und Eis:
Es gibt kein Eis getrennt vom Wasser,
gesondert von den Geschöpfen keine Buddhas.

Nicht wissend, wie nah ihnen die Wahrheit,
suchen die Geschöpfe sie in der Ferne – welch Jammer!
Sie gleichen denen, die im Wasser
nach Wasser schrei'n vor Durst.
Sie gleichen dem Sohn des Reichen,
der unter Armen seinen Weg verlor.

Die Geschöpfe durchwandern die sechs Welten,
da sie verloren sind im Finster der Unwissenheit.
Von Finsternis zu Finsternis wandernd,
wie können sie je frei werden von Geburt-und-Tod?

Zazen, wie Mahayana lehrt:
Kein Lob kann sein Verdienst erschöpfen.
Die sechs paramita: *Almosengeben,*
das Halten der Gebote und andere gute Taten, verschiedentlich
    aufgezählt,

Anrufen des Buddha-Namens, Reue und so fort,
sie alle kommen aus Zazen.

Verdienst von auch nur einmal geübtem Zazen
tilgt Schuld, zahllos gehäuft in der Vergangenheit.
Wo sind die Pfade des Übels, die uns verführen?
Das Reine Land kann nicht fern sein.

Wer voll Demut auch einmal nur
diese Wahrheit hört,
sie preist und im Vertrauen befolgt,
erlangt unendliche Glückseligkeit.

Doch wenn du die Augen nach innen kehrst
und die Wahrheit des Selbst-Wesens bezeugst,
des Selbst-Wesens, das Nicht-Wesen ist,
dann übersteigst du sophistisches Denken.

Das Tor zur Einheit von Ursache-Wirkung steht offen.
Der Pfad der Nicht-Zweiheit, Nicht-Dreiheit führt geradeaus.
Deine Form ist der Nicht-Form Form,
dein Gehen-und-Kommen geschieht nirgends, denn wo du bist.
Dein Gedanke ist des Nicht-Gedankens Gedanke,
dein Singen-und-Tanzen ist nichts als die Stimme des dharma.

Wie grenzenlos und frei ist der Himmel des samadhi*!*
Wie beglückend klar der Mond der Vierfachen Weisheit!
In diesem Augenblick – was mangelt dir?
Nirvana zeigt sich dir.
Dort, wo du stehst, ist das Land der Reinheit,
deine Person der Körper des Buddha.

»Zazen-Wasan« oder »Preisgesang des Zazen« von Meister
Hakuin (1686–1769)

Hakuin Ekaku war ein japanischer Zen-Priester, der während der Tokugawa-Zeit lebte. Er gilt als einer der bedeutendsten Gestalten des japanischen Buddhismus und als »zweiter Gründer« des Rinzai-Zen in Japan, da er diese Schule in einer Zeit des Niedergangs wiederbelebte. Zu Hakuins Lebzeiten war die Rinzai-Schule des Zen in Sektierertum und kleinliche Rivalitäten verstrickt. Vor diesem Hintergrund wurde Hakuin eine lebendige Manifestation des Zen-Lebens und beflügelte so die gesamte Tradition mit seiner eindrucksvollen Gegenwart und seiner Lehre, die sich auf seine eigene tiefe Zen-Erkenntnis gründete.

Schon früh erlebte Hakuin die ganze Härte der Existenz und trat mit fünfzehn in ein Kloster ein. Eine Erleuchtungserfahrung kann durch unterschiedliche Dinge ausgelöst werden. Bei Shakyamuni soll das Blinken des Morgensterns die Erfahrung herbeigeführt haben, die sein Universum und damit auch das unsere revolutionierte. Bei Hakuin hingegen war es der Klang einer Tempelglocke. Mit vierundzwanzig gelangte er zu einer tieferen Erkenntniserfahrung. Wie es heißt, saß er die ganze Nacht lang, und als er hörte, wie die Tempelglocke ertönte, erlebte er die Befreiung von allen Problemen, mit denen er sich abgemüht hatte.

Als Hakuin dreiunddreißig Jahre alt war, kehrte er in sein Elternhaus zurück und wurde Verwalter des Tempels seines Vaters. Damals war Japan in die Gerichtsbarkeitsbezirke der verschiedenen buddhistischen Tempel eingeteilt; auf diese Weise hoffte das Tokugawa-Regime, die Bevölkerung kontrollieren zu können. Jeder musste sich in einem bestimmten Tempel oder Shinto-Schrein in seiner Gegend registrieren lassen, etwa wie im Pfarrbezirkssystem der katholischen Kirche im mittelalterlichen Europa. So konnte die japanische Regierung die Bewegungen der Menschen überwachen und dafür sorgen, dass unter ihnen keine Christen lebten. Somit war Hakuin von seinem dreiunddreißigsten Lebensjahr bis zu seinem Tod, also fünfzig Jahre lang, ein einfacher Priester in einem Tempel auf dem Lande. Und doch verkörperte sein Leben, das sich von außen betrachtet so ereignislos ausnahm, die ganze Fülle des Erwachens.

Hakuin verfasste zwar keine dicken Bücher, aber er beherrschte die Feinheiten der buddhistischen Lehre und schrieb gelegentlich Abhandlungen über verschiedene Zen-Themen. Sein Leben, Schreiben und Lehren führten zu einer Wiederbelebung des Zen, die ganz Japan in den folgenden Jahrhunderten prägte. Und zugleich war er ein sehr praktisch denkender und handelnder Seelsorger, dem das Wohlbefinden der Menschen um ihn am Herzen lag und der besonders für die Armen und Kranken sorgte. Außerdem war er ein berühmter Kalligraph.

Das Gedicht, das am Anfang dieses Kapitels steht, trägt den Titel »Zazen-Wasan«. *Wasan* bedeutet »Preisen«, und dieses Gedicht ist denn auch ein Preisgesang des Zen, ein begeisterter Hymnus: »Wie schön! Wie erlesen!« Dieser Gesang ertönt aus Hakuins innerem Erleuchtungszustand, und wenn wir ihn anstimmen oder rezitieren, werden wir aufgefordert, in dieses in unserem eigenen Innern befindliche Reich einzutreten. Er muss im Zusammenhang mit unserer ureigenen Zazen-Erfahrung, das heißt unserer eigenen Suche nach unserem wahren Selbst, rezitiert oder gesungen werden.

Der Gesang besteht aus drei Teilen. Ich werde sie kurz skizzieren und mich dann im Detail mit ihnen befassen. Die Zeilen vom Anfang bis zu dem Vers »Wie können sie je frei werden von Geburt-und-Tod?« bilden einen einleitenden Abschnitt, der sich mit der Grundvoraussetzung von Zen befasst, wie sie die Eingangszeile »Alle Geschöpfe sind im Grunde Buddhas« zum Ausdruck bringt.

Der zweite Abschnitt beginnt mit den Worten »Zazen, wie Mahayana lehrt« und endet mit dem Vers »Wie beglückend klar der Mond der Vierfachen Weisheit!«. Dieser Abschnitt ist das Herzstück des Textes. Er erläutert zahlreiche buddhistische Begriffe und mehrere andere Gesichtspunkte, die ein Verständnis des buddhistischen Backgrounds erfordern. In diesem Abschnitt geht es um das zentrale Anliegen des Zen: eine Aufforderung zur Erfahrung. Der zweite Teil beschreibt teilweise den Inhalt dessen, was wir erfahren sollen.

Der dritte Abschnitt besteht aus den letzten vier Versen und ist eine Art Zusammenfassung. Der ganze Gesang wird in den letzten Worten auf den Punkt gebracht: »deine Person der Körper des Buddha«. Damit ist genau unsere Absicht umschrieben – zu begreifen und zu erfahren, wofür diese Worte stehen: »deine Person (oder dein Körper) der Körper des Buddha«.

»Preisgesang des Zazen« – *Teil 1*

»Alle Geschöpfe sind im Grunde Buddhas« – dies ist eine Formulierung der Kernwahrheit dessen, was wir sind. Es ist eine äußerst positive Anschauung von unserer Existenz, versichert sie uns doch, dass diese endlichen, unwissenden, egozentrischen und verwirrten Lebewesen, die wir sind, tatsächlich Wesen sind, denen unendliche Fähigkeiten verliehen sind und deren wahre Natur aus Weisheit und Mitgefühl besteht.

Eine vergleichbare Aussage in der christlichen Tradition wäre die Lehre, dass wir Menschen nach dem Bild Gottes erschaffen sind. »Und Gott schuf den Menschen zu seinem Bilde, zum Bilde Gottes schuf er ihn; und schuf sie als Mann und Weib« (1. Mose 1,27). Aufgrund dieser fundamentalen Versicherung, dass unsere Natur nach dem Bild Gottes erschaffen ist, hält die orthodoxe Tradition des östlichen Christentums an der Doktrin über das letztendliche Schicksal von uns Menschen fest, nämlich, dass wir zu unserer göttlichen

Natur zurückkehren, das heißt zu unserer »Vergöttlichung« *(theosis)*, durch die Gnade, die uns in Christus erwiesen ist, der als der Erstgeborene der ganzen Schöpfung, als der Archetypus gilt, nach dessen Vorbild wir erschaffen sind. Ein bedeutsamer Unterschied zwischen der christlichen und der buddhistischen Anschauung besteht allerdings darin, dass im Christentum die »Fähigkeit zum Göttlichen« eigentlich nur uns Menschen und nicht den Tieren und anderen Lebewesen zugeschrieben wird, während im Buddhismus allen fühlenden Wesen, also auch den Bewohnern der Hölle, den hungrigen Geistern, den bösen Geistern und den Tieren, die Fähigkeit zur Buddha-Natur verliehen ist. Im 13. Jahrhundert erweiterte der japanische Zen-Meister Dogen diese Vorstellung von den »fühlenden Wesen« um Berge und Flüsse und all die Myriaden von Dingen im Universum.

Wir werden aufgefordert, diese Versicherung zu akzeptieren, dass alle »Geschöpfe im Grunde Buddhas« sind, und zu erkennen, dass dies für jeden von uns gilt. *Für wen, für mich?*, werden wir vielleicht fragen. *Ja, für dich*, lautet die Antwort. Aber wir schrecken davor zurück, außerstande, die ungeheuren Folgerungen aus einer solchen Versicherung zu akzeptieren, vielleicht aus falscher Bescheidenheit, vielleicht weil wir ungläubig sind und zögern, unsere Anschauung von uns selbst als endlichen, unwissenden, egoistischen, verwirrten Wesen fallen zu lassen.

Der Mönch, der Chao-chou fragte: »Hat auch ein Hund Buddha-Natur?«, war vielleicht ebenfalls von Ungläubigkeit geplagt und nicht in der Lage, diese äußerst positive Versicherung zu akzeptieren, die alle fühlenden Wesen einbezieht. Chao-chous Antwort lautete natürlich »Mu!« – »Nein, keineswegs!« oder »Nicht in einer Million Jahren!« Aber wenn wir es so interpretieren, dann würde Chao-chou ja dieser grundlegenden Versicherung seiner ganzen buddhistischen Tradition widersprechen. Diese Interpretation einer negativen Antwort auf die Frage würde uns bloß auf die offenkundige Tatsache verweisen, dass ein Hund (nur) ein Hund ist und ich (nur) ein endlicher, unwissender, egoistischer, verwirrter Mensch bin.

In einem anderen Koan antwortet Chao-chou mit der Versicherung: »Ja, der Hund hat Buddha-Natur.« Diese Version steht (scheinbar) in entschiedenem Widerspruch zur ersten Version. Diese Lesart einer bestätigenden Antwort würde allerdings bloß unsere intellektuelle Neugier hinsichtlich der ursprünglichen Natur des Hundes befriedigen. »Ja, natürlich, unsere ganze buddhistische Tradition bestätigt es. Alle fühlenden Wesen haben Buddha-Natur. Dieser Hund ist ein fühlendes Wesen. Daher versteht es sich von selbst, mein lieber Watson, dass dieser Hund, ja, Buddha-Natur hat.« Wenn wir diesen Syllogismus auf uns selbst anwenden, können wir sagen: »Auch ich bin ein fühlendes Wesen. Alle fühlenden Wesen haben Buddha-Natur. Daher habe auch ich Buddha-Natur.« Schön und gut. Aber mit einem solchen Syllogismus kommen wir nicht weit, außer dass wir vielleicht in einem Diskussionswettbewerb Sieger werden. Wie soll sich dadurch etwas an der Tatsache ändern, dass ich (nur) ein endlicher, unwissender, egoistischer, verwirrter Mensch bin?

Egal, ob wir die Frage des Mönchs mit Nein oder mit Ja beantworten – wir sind noch keinen Schritt weitergekommen. Dieses Koan können wir nur lösen, wenn wir die Frage weder so noch so beantworten: Weder hat der Hund Buddha-Natur, noch hat er keine. Wir sollen dieses Wort oder besser: diesen Laut Mu als einen Schlüssel verstehen, der die Geheimnisse unseres innersten Wesens erschließen wird. Dies geschieht, indem wir diesen Laut Mu mit jedem Ausatmen wiederholen, ihn ständig wiederholen, bis das bewusste Ich, das diesen Atem beobachtet, das sich in diesem oder jenem ablenkenden Gedanken verliert, mit dem Laut Mu verschmilzt und eins wird mit Mu.

Eins werden mit Mu in einem Zustand des vereinigenden Bewusstseins oder Samadhi ist der Schlüssel zur Erfahrungserkenntnis der Eingangszeile von Hakuins Gesang: »Alle Geschöpfe sind im Grunde Buddhas.«

Christlich gesprochen erfahren wir die Bestätigung, dass sich in allen Dingen des Universums die göttliche Gegenwart manifestiert. Die Philosophen und Theologen der monotheistischen Traditionen (vor allem des Judentums, des Christentums und des Islam) sind sich einig in der Doktrin von Gottes Allgegenwart – es gibt keinen Ort im Universum, an dem Gott nicht ist. Das ist natürlich nicht gleichbedeutend mit der Aussage, dass alles Gott ist (»Pantheismus«), sondern meint lediglich, dass jedes Ding im ganzen Universum nur insofern existiert, als Gott will, dass dieses Ding existiert, und es weiterhin in seiner Existenz erhält. Dies würde dann nicht bloß uns Menschen umfassen, sondern auch alle anderen Wesen, auch Steine und Berge, Sterne und Galaxien, ebenso wie alle Formen pflanzlichen und tierischen Lebens. Dies ist eine andere Möglichkeit, zu sagen, dass »alles in Gott ist und Gott in allem ist«. Dies ist die theologische Position des orthodoxen Christentums und wird zuweilen als »Panentheismus« bezeichnet. Somit könnten wir zumindest auf der doktrinären Ebene feststellen, dass die Aussage »in allen Dingen im Universum manifestiert sich die göttliche Gegenwart« am ehesten der buddhistischen Versicherung entspricht, dass alle »Geschöpfe . . . im Grunde Buddhas« sind.

Aufgrund dieser Versicherung könnte ein Mönch vielleicht genauso gut einen christlichen Mystiker fragen, etwa Johannes vom Kreuz: »Manifestiert sich auch in einem Hund die göttliche Gegenwart?« Vermutlich würde Johannes vom Kreuz erwidern: »*Nada.*« Damit sind wir genauso weit, wie es der Zen-Mönch war, als er Chao-chou die Frage nach dem Hund stellte. Und dann würde uns nichts anderes übrig bleiben, als still dazusitzen, dieses »*nada*« als unseren Führer zu verstehen und tief in die Winkel unseres Wesens einzutauchen: »*Nada, nada, nada.*«

Dies ist eine Aufforderung, ins Himmelreich einzutreten. »Das Reich Gottes ist herbeigekommen. Tut Buße und glaubt an das Evangelium!« (Markus 1,15). Was ist das Evangelium, die frohe Botschaft? Genau das: Das Reich Gottes ist herbeigekommen! Es ist mitten in uns!

»In allen Dingen im Universum manifestiert sich die göttliche Gegenwart.« Wenn wir in stiller Kontemplation sitzen, öffnen wir unser Herz dieser Gegenwart. Dazu werden wir auch aufgefordert, wenn wir im Zen sitzen. Wir sind aufgefordert, uns auf eine Erfahrung der Wandlung vorzubereiten, der Umwandlung, eine Metanoia, die es dem Reich Gottes ermöglicht, uns zu überwältigen, von uns Besitz zu ergreifen, so dass wir in unserem ganzen Leben von dieser Gegenwart durchströmt werden.

All unsere Bemühungen sind allerdings nichts weiter als unsere schwachen menschlichen Versuche, uns darauf vorzubereiten, diese überwältigende Wirklichkeit zu empfangen. Was können wir tun? Wir nehmen eine gerade Haltung ein, regeln unsere Atmung und bringen unseren Geist zum Schweigen. Während wir dies tun, vertiefen wir unsere Konzentrationsfähigkeit. Mit anderen Worten: Wir achten darauf, unser Wesen zu zentrieren.

Normalerweise entdecken wir, dass wir uns in viele Richtungen zerstreuen. Wir beeilen uns, unsere Termine hier und da zu machen, wir zerreißen uns zeitlich, und wir leben in getrennten Abteilen. Wir strengen uns für verschiedene Ziele an, die uns gleichwohl kein Gefühl der Erfüllung, der Ganzheit vermitteln.

Unser Zazen kann uns hin zu einer Ganzheit führen, wenn wir die Richtung zum Zentrieren unseres Wesens einschlagen, uns auf das Hier und Jetzt konzentrieren. Die Kraft, die aus dem Sitzen erwächst, macht sich bemerkbar, und mit ihr nähern wir uns einer Integration unseres Selbst, durch die Praxis, eine entspannte und dennoch aufmerksame Sitzhaltung einzunehmen, unseren Atem zu regulieren und den Geist zum Schweigen zu bringen, uns auf das Hier und Jetzt zu konzentrieren.

Wir sind in der Lage, immer mehr für unser ganzes Wesen gegenwärtig zu sein. Immer mehr ganz zu werden . . ., dies ist die Richtung, in die wir bei unserem Sitzen in Zazen geführt werden. Das Gegenteil davon ist, zerstreut, getrennt zu sein, alle paar Minuten etwas anderes zu tun, woanders und damit der »Nowhere Man« zu sein, von dem die Beatles sangen.

Während wir unser Bewusstsein in der Stille der Sitzmeditation vertiefen, spüren wir, wie unser ganzes Leben von dieser Ganzheit durchdrungen wird, so dass wir jeden Augenblick absolut und vollständig in diesem Augenblick sind. Wir sind in der Lage, unser Leben als vollständig zu erfahren, in jedem Hier und Jetzt. Zu dieser Ganzheit bewegen wir uns mit jedem Schritt hin. Von diesem Bewusstseinszustand aus können wir das Reich erblicken, aus dem der erste Vers von Hakuins »Preisgesang« kommt: »Alle Geschöpfe sind im Grunde Buddhas.« Oder: »In allen Dingen im Universum manifestiert sich die göttliche Gegenwart.«

Somit ist dieser erste Abschnitt des »Preisgesangs des Zazen« ein Jubeln, das auf dem inneren Zustand des Zen-Lebens beruht, eine Äußerung, die davon ausgeht, dass wir dieses Zen-Leben leben. Jeder von uns wird aufgerufen, selbst in diese Welt einzutreten, mit jedem Atemzug, mit jedem Schritt. Und während wir diesen Gesang aus ganzem Herzen anstimmen oder rezitieren und uns dem Singen oder Rezitieren hingeben, bekommen wir einen Vorgeschmack dessen, worum es in dieser Welt geht.

Im ersten Buch Mose lesen wir, dass Gott die ganze Schöpfung, jedes einzelne Lebewesen betrachtete und sah, dass alles gut war (1. Mose 1,1–31)! Dieses Gutsein ist die Teilhabe der gesamten Schöpfung am göttlichen Gutsein. Diese Tatsache sollte nicht in unseren Köpfen als ein Begriff bleiben. Vielmehr werden wir aufgefordert, dieses Gutsein zu erleben. Das Gutsein, das wir da erleben, ist das unendliche Gutsein, das Gott ist.

»In allen Dingen im Universum manifestiert sich die göttliche Gegenwart.« Mit anderen Worten: Die Erde, die Sonne, der Mond, die Pflanzen, die Vögel in der Luft sind als solche Manifestationen dieser Gegenwart. So, wie sie sind.

»Wie die Dinge sind« zu erleben – das ist Zen. Wir müssen wirklich nichts weiter »tun«, als einfach *so zu sein, wie wir sind*. Wenn wir das begreifen, wird die *Tatsächlichkeit* des Zen zu uns kommen. Dann werden wir wissen, dass das göttliche Gutsein, das alle Dinge durchdringt, wirklich dieses Gutsein ist, aufzustehen, sich hinzusetzen, zu lachen, zu weinen. Es ist tatsächlich ein Unterschied, ob wir etwas intellektuell wissen oder ob wir es aus Erfahrung wissen. Wir können zwar intellektuell um die Eigenschaften der Elektrizität wissen, aber das ist nichts im Vergleich mit einem Stromschlag!

In diesem Zusammenhang fällt mir ein Erlebnis ein, das der jüdische Philosoph Martin Buber gehabt hat. Als Junge liebte er die Natur, und eines Tages nach dem Abendessen hielt er sich im Stall auf und tätschelte sein Pony, und da geschah etwas mit ihm. Als er es später in Worte zu fassen versuchte, erklärte er, die Lebenskraft, die dem Pferd entströmte, sei die gleiche Lebenskraft gewesen, die durch seine Hände lief, durch die Erde, durch das gesamte Universum, und irgendwie sei er in dem Augenblick, da er das Tier tätschelte, von diesem Leben erfüllt gewesen. Somit war die Aussage »In allen Din-

gen im Universum manifestiert sich die göttliche Gegenwart«
für ihn nicht eine Doktrin, sondern eine konkrete Erfahrung,
die sein ganzes Leben verwandelte.

Ein berühmter katholischer Theologe war als Student ein
ausgesprochener Agnostiker. Als er sich eines Tages nicht auf
eine langweilige Vorlesung konzentrieren konnte, schaute er
aus dem Fenster und sah, wie frische junge Blätter einem
Baum entsprossen. Plötzlich durchfuhr ihn etwas. Später erklärte er, ihm sei aufgegangen, dass das Leben, das durch diese
neuen Blätter strömte, das gleiche Leben war, das den Baum
selbst durchdrang und das auch ihn belebte, als er im Hörsaal
saß. Es war genau das Leben, das es allem ermöglichte, zu
existieren. Als er dies erfuhr, konnte er kein Atheist mehr sein.
In diesem Augenblick konnte er nicht mehr an der »Existenz
Gottes« zweifeln.

Wir sollten diese Worte »die Existenz Gottes« nicht missverstehen. Sie verweisen auf eine erfahrungsmäßige Erkenntnis einfacher Tatsache. Es ist eine Tatsache, dass Blätter grün
sind, dass der Nacken des Pferdes sich rau und behaart anfühlt, wenn man ihn berührt, dass der Wind weht, dass es im
Sommer heiß und im Winter kalt ist. Diese einfachen Tatsachen ermöglichen es uns, zu erfahren, was etwas ist, *so wie es
ist*, und damit von dieser göttlichen Gegenwart durchdrungen
zu sein.

Im »Preisgesang des Zazen« heißt es: »Es gibt kein Eis getrennt vom Wasser.« Wir würden dies nicht sagen, wenn wir
uns nur auf unsere Sinne verlassen würden. Wenn wir Wasser
spüren, wissen wir, dass es nicht Eis ist, weil sich Eis nicht so
anfühlt. Eis ist hart, sagen uns unsere Sinne. Unsere Sinne
neigen dazu, uns zu täuschen, und sagen: »Eis fühlt sich nicht
wie Wasser an, daher ist es etwas anderes, getrennt von Wasser und etwas anderes als Wasser.« Unsere Buddha-Natur ist
genauso.

Viele Male werden wir in unserem täglichen Leben von unseren Sinnen getäuscht, und wir werden dazu verleitet, zu glauben, die Dinge seien so, wie sie für unsere Sinne sind. Wir müssen in dieser Hinsicht »in Ordnung gebracht« werden. Aber wie?

Vielleicht durch Massage! Viele Japaner können sehr gut massieren. Eine gute Masseurin kann Ihnen sagen, indem sie einfach Ihre Schulter berührt, ob Sie verspannt sind oder nicht, und sie verspürt oft eine Spannung, derer Sie selbst sich gar nicht bewusst sind. Wir sind verspannt, weil wir nicht voll und ganz bei uns und der Art und Weise sind, wie wir sind. Aber eine bloß physische Massage kann niemals wirklich »in Ordnung bringen«, was wirklich in Ordnung gebracht werden muss: unsere grundlegende Einstellung gegenüber unserem ureigenen Wesen. Also brauchen wir vielleicht so etwas wie eine spirituelle Massage, die uns lockert, uns entspannt und einfach sein lässt, so dass wir uns einfach so akzeptieren, wie wir sind, statt immer nur eine Fassade errichten zu wollen, hinter der wir unsere Unsicherheiten und Ängste verstecken oder einen eingebildeten Mangel in uns selbst übertünchen. Sobald wir dies als unsere Situation erkennen, in der wir uns uns gegenüber unwohl fühlen, können wir die Worte des Philosophen Heidegger auf uns beziehen: »Seiendes sein lassen.« Lassen Sie sich so sein, wie Sie sind, und nicht anders. Das Wunder des »Sie, wie Sie sind« lässt sich niemals in Worten ausdrücken und kann in seinem Glanz nur kontemplativ erfasst werden, voller Ehrfurcht und Dankbarkeit.

Genau darauf weist auch der Theologe Paul Tillich in seinem Aufsatz »You are accepted« hin, der in einer Sammlung mit dem Titel *Shaking the Foundations* erschien. Kurz, wir müssen nur demütig genug sein, um die Tatsache zu akzeptieren, *dass wir angenommen sind*, so, wie wir sind, egal, wie, und zwar von dieser kosmischen Liebe, die das ganze Universum durchdringt.

Damit wird auf einen weiteren wichtigen Aspekt der göttlichen Gegenwart verwiesen, den wir beim stillen Sitzen erfahren können, nämlich dass sie eine liebende Gegenwart ist. Es ist das innige Gefühl, auf eine kosmische Weise bejaht, bestätigt, angenommen zu werden.

Als Jesus von Johannes dem Täufer am Jordan die Taufe empfing, vernahm er die folgenden Worte: »Du bist mein lieber Sohn, an dir habe ich Wohlgefallen« (Markus 1,11). Wenn man still sitzt, kann ein Augenblick der Gnade kommen, in dem auch wir diese Worte vernehmen, wie sie in unserem ganzen Sein und im ganzen Universum widerhallen. Zitternd fragen wir dann: »Wer, ich?« Und die Antwort lautet: »Ja, du!«

Nicht wissend, wie nah ihnen die Wahrheit,
suchen die Geschöpfe sie in der Ferne – welch Jammer!
Sie gleichen denen, die im Wasser
nach Wasser schrei'n vor Durst.
Sie gleichen dem Sohn des Reichen,
der unter Armen seinen Weg verlor.

Wenn wir nicht wissen, dass wir von einer unendlich liebenden Gegenwart angenommen werden, erliegen wir der Täuschung, zu glauben, dass wir elend und entstellt und von unserem wahren Selbst getrennt sind. Wir fühlen uns getrennt, weil wir diese Gegenwart nicht kennen, die tatsächlich »uns vertrauter ist, als wir es uns selbst sind«, wie Augustinus bemerkt.

Was ist die Ursache dieser Trennung von unserem grundlegenden Gutsein, das das göttliche Gutsein ist? Ist es nicht unsere ständige Beschäftigung mit unserem beschränkten Selbst? Sind es nicht unsere Bindungen und egoistischen Begierden und unsere Jagd nach all den unverträglichen Objekten, die uns vermeintlich glücklich, in Wahrheit aber nur noch elender machen? Die Ursache unseres Elends ist doch: Wir neigen dazu, Dinge als »Objekt« zu betrachten, die getrennt von uns sind. Diese Betrachtungsweise zerteilt uns im Kern unseres Wesens.

Ich bin hier, Sie sind dort. Ich bin »hier drinnen«, die Welt ist »dort draußen«, und wir glauben, so seien die Dinge nun einmal. Leider sind wir in unserem gewöhnlichen Bewusstsein nicht imstande, diese Kluft zu überbrücken, die unser kleines Selbst von jenen anderen Lebewesen trennt, nach deren Gesellschaft wir uns sehnen, mit denen wir uns in der Tiefe unseres Herzens vereinen möchten.

Doch die Botschaft ist unüberhörbar. »Das Reich Gottes ist herbeigekommen. Tut Buße und glaubt an das Evangelium!« (Markus 1,15). Diese einfache Botschaft anzunehmen kann die Ursünde aufheben, die uns von Gott trennt.

Wir sind nach dem Bilde Gottes gemacht, und unsere höchste Bestimmung ist die Rückkehr zu Gott, indem wir erkennen, wer wir sind, das heißt als Gottes ureigenes Bild. Wir sind tatsächlich Kinder aus reichem Hause, obwohl wir uns leider unserer Reichtümer nicht bewusst sind. Dies ist unsere »Ursünde« – dass wir vergessen haben, wer wir wahrhaft sind.

Im Mahayana-Buddhismus gibt es eine Parabel über den Sohn aus reichem Hause, der sein Elternhaus verlassen und in alle Gegenden der Welt gehen will, die er noch nie zuvor gesehen hat. Bevor die Mutter den Sohn ziehen lässt, näht sie ihm einen kostbaren Edelstein in den Kragen seines Gewandes. Wohin auch immer sich der junge Mann begibt, überall hat er einen unermesslichen Reichtum in Form dieses Edelsteins in seinem Kragen bei sich, aber das weiß er natürlich nicht. Schließlich geht ihm auf seinen Reisen das Geld aus. Er ist hungrig, durstig und müde, aber er kann nichts dagegen tun – so glaubt er wenigstens. Er weiß ja nichts von dem Reichtum, den er bei sich hat! Jeder von uns besitzt diesen Reichtum – wenn wir nur wüssten, wo wir ihn suchen sollen.

Und darum appelliert der »Preisgesang des Zazen« an uns: »Schau, du hast Reichtümer bei dir. Öffne die Augen, um sie zu entdecken, mach guten Gebrauch davon. Hol sie heraus. Lebe sie!«

> Die Geschöpfe durchwandern die sechs Welten,
> da sie verloren sind im Finster der Unwissenheit.
> Von Finsternis zu Finsternis wandernd,
> wie können sie je frei werden von Geburt-und-Tod?

In der indischen Tradition ist von sechs Reichen der Lebewesen die Rede, die ständig wiedergeboren werden und sterben, ohne je die ewige Seligkeit zu erlangen, eine trostlose Existenz stets mitten im Leiden. Die Unwissenheit ist die Ursache des Leidens, das uns daran hindert, zu erkennen, was wir wahrhaft sind.

Wir wandern »von Finsternis zu Finsternis«. Unser tägliches Leben ist erfüllt von Dingen wie Gier und Zorn, Entmutigung, Depression. Jeder zieht für sich los. Wir alle leben in Konflikt miteinander. In unserer menschlichen Gesellschaft ist es eine Binsenweisheit, dass die Mächtigen die Schwachen ausbeuten. Wer ausgebeutet wird, beutet wiederum andere aus, und damit ist der Teufelskreis geschlossen. Das ist zum Teil mit Seelenwanderung gemeint: Wir gehen im Kreis herum, außerstande, wahres Glück zu erkennen, während wir einander aus unserer engstirnigen egoistischen Perspektive betrachten.

Wie sollen wir aus diesem Teufelskreis befreit werden? Durch die Erkenntnis dessen, wer oder was wir sind, oder mit anderen Worten: durch das Erwachen zur Wirklichkeit von uns selbst, von unserem wahren Selbst. Wie erwachen wir zu diesem wahren Selbst? Dies geschieht, wenn wir mit unseren inneren Augen sehen, dass wir in der Tat in einer liebenden Gegenwart angenommen sind, die uns bejaht, uns so akzeptiert, wie wir sind, genau wie jeder andere und alles andere so akzeptiert werden, wie sie sind.

Im Zen sagen wir: Man schaut in das eigene Wesen aufgrund der Tatsache, dass man Buddha *wird*. »Werden« bedeutet hier nicht, dass man zu etwas wird, was man nicht war, sondern vielmehr, dass man etwas erlangt, das man von Anfang an gewesen ist. Wenn wir erkennen und akzeptieren, dass wir im göttlichen Bild geboren sind und jeden Atemzug, jeden Schritt während unseres ganzen Lebens inmitten einer liebenden Gegenwart tun, dann erkennen wir unsere wahre Freiheit als Kinder Gottes.

> Zazen, wie Mahayana lehrt:
> Kein Lob kann sein Verdienst erschöpfen.
> Die sechs *paramita*: Almosengeben,
> das Halten der Gebote und andere gute Taten,
> verschiedentlich aufgezählt,
> Anrufen des Buddha-Namens, Reue und so fort,
> sie alle kommen aus *Zazen*.

Damit wird der höchste Lobpreis angestimmt, im Rühmen der vielen Tugenden, die sich aus dem Zen-Samadhi ergeben – einem Sanskritbegriff, der sich mit »tiefer Meditation« wiedergeben lässt. In tiefer Meditation zu sein heißt, sich inmitten von allem nicht zu bewegen oder von allem nicht bewegt zu werden. Samadhi ist unbewegt, und doch ist es die Kraft, die alles bewegt. Es ist der dynamische Beweger von allem, das sich nicht selbst bewegt.

In Samadhi gelangen wir zur wahren Quelle der Bewegung des Universums an sich, wenn wir diesen »Ruhepunkt der sich drehenden Welt« erreichen, um es mit einer Zeile aus einem Gedicht von T. S. Eliot auszudrücken. In unserer Zen-Praxis treten wir in das dynamische Zentrum des Universums ein, das vollständig, vollkommen, völlig ruhig, doch voller Energie ist. In dieser Ruhe hat die Kraft ihren Ursprung, die das ganze Universum bewegt. Und da hinein begeben wir uns, wenn wir im Zen sitzen.

Dies ist die innere Einstellung, zu der wir in unserem täglichen Leben gelangen sollen. Wir können vollkommen ruhig und doch völlig dynamisch sein. Wir sind nicht aufgeregt im Umgang mit anderen. Wir setzen weder uns selbst noch andere unter Druck. Wir sollen sein, was wir sind, und einander akzeptieren, wie wir sind. Damit wird sich die latente Kraft auf natürliche Weise selbst aktivieren, die Kraft, die die Welt verwandeln kann.

Dies ist der Gegenstand des Preisens. Es ist ein Zustand, der alle anderen Praktiken der Andacht und der Askese umfasst. Sie alle sind im Zen-Sitzen enthalten. Mit anderen Worten: Was wir beim Eintritt in Samadhi erkennen, enthält alle Tugenden, die in der buddhistischen Tradition gerühmt werden, das vollkommene Geben, das rechte Verhalten und alle anderen Tugenden.

»Preisgesang des Zazen« – Teil 3

»Siehe, ich mache alles neu!« (Offenbarung 21,5). Das Neue an jedem Augenblick zu schmecken und zu erfahren – dazu ruft uns der »Preisgesang« auf. Darum heißt es in den nächsten Versen: »Verdienst von auch nur einmal geübtem Zazen / tilgt Schuld, zahllos gehäuft in der Vergangenheit.« Im ewigen Augenblick gibt es weder Vergangenheit noch Zukunft. Wir leben in der ewigen Gegenwart, vor der Gründung der Welt und doch auch auf dem Höhepunkt der Zeit, wenn alle Dinge im Himmel und auf Erden zu einem einzigen zusammengefasst werden. Wir werden aufgerufen, in jedem Augenblick unseres Lebens dieses *Jetzt* zu schmecken und zu ergreifen. Wenn wir darüber mit unserem diskursiven Geist nachdenken, befangen im System der linearen Zeit und des geometrischen Raums, werden wir uns in begrifflichen Widersprüchen verheddern. Daher werden wir aufgefordert, diesen diskursiven Geist zu ignorieren und die Welt des ewigen Jetzt, die uns für das Reich des Unendlichen offen macht, mit den Augen unseres Herzens zu schauen.

Wo sind die Pfade des Übels, die uns verführen?
Das Reine Land kann nicht fern sein.

Als Jesus in die Synagoge ging und eine Passage aus dem Buch des Propheten Jesaja las, verkündete er seinen Zuhörern: »*Heute* ist dieses Wort der Schrift erfüllt vor euren Ohren« (Lukas 4,21). Und Hakuin erklärt uns: »Das Reine Land kann nicht fern sein.« Das Himmelreich ist nahe. Spitzen wir die Ohren, um es zu hören. Öffnen wir unsere inneren Augen, um es zu sehen.

Wer voll Demut auch einmal nur
diese Wahrheit hört,
sie preist und im Vertrauen befolgt,
erlangt unendliche Glückseligkeit.

Es genügt, einmal wirklich zu hören! Ein berühmtes Koan lautet: »Welcher Laut ertönt beim Klatschen mit einer Hand?« Wir müssen nur einmal diesen Laut hören, das genügt. Die eine Erfahrung von Shakyamuni unter dem Bodhi-Baum revolutionierte sein ganzes Leben. Für viele von uns ist es der eine wahre Augenblick, wenn wir das Urwort wirklich hören können und fähig sind, unser wahres Selbst zu erkennen. Dieser Augenblick wird ewig sein, und wir werden aufgrund dieser einen Erfahrung für immer verändert.

Es gibt ein chinesisches Sprichwort, das jedes japanische Kind auswendig lernt, wenn es sich mit dem konfuzianischen

Denken beschäftigt. Es lässt sich ungefähr so übersetzen: »Wenn man den Weg am Morgen zu hören vermag, kann man am Abend in Frieden sterben.« Wenn man wirklich in der Lage ist, den Weg, die Wahrheit und das Leben zu schauen, gar auf einen Blick, dann genügt dies. Dann ist man bereit, zufrieden zu sterben.

Dies entspricht den Worten meines Lehrers Yamada Roshi, die er unmittelbar im Anschluss an seine Erfahrung des *satori* äußerte. Sie war so tief, dass sie sein ganzes Universum revolutionierte und er sagen konnte: »Ich bin bereit zu sterben. Selbst wenn ich in diesem Augenlick stürbe, hätte mein Leben aufgrund dieser einen Erfahrung einen unendlichen Wert.«

Wer von uns auch nur einen kurzen Blick auf dieses Reich erhascht hat, vermag das Gleiche zu sagen. Dieser Blick in diesem Augenblick genügt, uns erkennen zu lassen, dass unser Leben einen unendlichen Wert hat. Selbst wenn wir genau in diesem Augenblick sterben, fürchten wir weder Schmerz noch Tod. Wir sind bereit für alles, weil wir bereits einen unendlichen Reichtum empfangen haben. Wir erkennen, dass es überhaupt nichts zu verlieren gibt. Die Wahrheit, die wir auf diese Weise erfahren, ist offenkundig nicht eine Art von überschwänglichem universalem Prinzip, das man schließlich nach mühsamem Grübeln und diskursivem Denken versteht. Sie kann durch irgendeine kleine Empfindung ausgelöst werden – das Ticken einer Uhr, ein Händeklatschen, das Zerbrechen eines Eimers –, einfache Tatsachen der täglichen Existenz, direkt vor unserer Nase!

Unser Leben wird tragisch enden, wenn wir vom Weg abkommen, die Wahrheit in der Ferne suchen, nicht erkennen, dass sie gleich hier ist! Wie bedauerlich, dass es uns so schwer fällt, die Dinge, die uns so nahe sind, zu sehen und zu hören.

Hören wir doch auf diese einfachen Tatsachen unseres täglichen Lebens. Unser Leben verwirklicht sich nicht in irgendeiner glorreichen, idealisierten Zukunft, sondern mit jeder

Tatsache und jedem Ereignis, gleich inmitten unserer alltäglichen Existenz.

Dies ist die zentrale Botschaft des Christentums, nämlich die Wirklichkeit von »Gott in uns«. Das Wort werde Fleisch. Gott werde Mensch. Wenn wir begreifen, was es heißt, Mensch zu sein, wahrhaft Mensch, sind wir vielleicht in der Lage, diese allumfassende göttliche, liebende Gegenwart zu erschauen.

Doch wenn du die Augen nach innen kehrst
und die Wahrheit des Selbst-Wesens bezeugst,
des Selbst-Wesens, das Nicht-Wesen ist,
dann übersteigst du sophistisches Denken.

Es ist nicht leicht, »die Augen nach innen« zu kehren, denn im Erwachten Reich gibt es kein Innen oder Außen. Praktisch gesprochen heißt das, dass wir von Dingen außerhalb von uns abgelenkt werden, weil wir (als Subjekte) hinter ihnen als Objekten her sind, was sie automatisch zu etwas »außerhalb« von uns macht. Wir hören Laute »da draußen«. Wir sehen Dinge »da draußen«. Wir beziehen uns auf Menschen »dort drüben«. Der »Preisgesang« fordert uns auf, damit aufzuhören, nach draußen und nach drinnen zu schauen. Alles wird von innen gesehen, weil wir alle in derselben Welt sind, innerhalb des Reichs, durchdrungen von einer göttlichen, liebenden Gegenwart.

Dies bedeutet natürlich nicht, dass wir unsere psychischen Eindrücke und Reaktionen betrachten, weil auch das hieße, jene Eindrücke und Reaktionen als Objekte zu verstehen und uns erneut »außerhalb« davon zu stellen. Wenn dies eine Sehweise ist, die den Unterschied zwischen Subjekt und Objekt aufhebt, wie kann dann das Auge sich selbst sehen? Wir werden darauf anlässlich der nächsten Strophe des »Preisgesangs« zurückkommen.

»Die Wahrheit bezeugen« bedeutet einfach, klar zu erkennen. Und indem wir unser Selbst-Wesen verwirklichen, entdecken wir, dass es in seiner Verwirklichung Nicht-Wesen ist. Nun haben wir einen Widerspruch. Wie gehen wir damit um? Wir können hier auf Yamada Roshis Bild von dem Bruch zurückkommen, der Null-Unendlichkeit als Nenner hat. Da ist nichts! Wir sind nichts vor der Unendlichkeit jener göttlichen, liebenden Gegenwart. Indem wir uns nach innen wenden, werden wir aufgerufen, zu jenem Nicht-Sein zurückzukehren, aus dem wir erschaffen wurden, und dort werden wir das Angesicht Gottes erblicken.

Das Angesicht Gottes ist das ursprüngliche Angesicht, nach dessen Bild wir erschaffen wurden. Genau das sollen wir darlegen in dem Koan »Zeige mir dein ursprüngliches Gesicht, bevor deine Eltern geboren wurden«. Dieses Gesicht können wir erst erkennen, wenn wir zum Nicht-Sein unseres Wesens zurückkehren, denn »in ihm hat er uns erwählt, ehe der Welt Grund gelegt war, dass wir heilig und untadelig vor ihm sein sollten; in seiner Liebe hat er uns dazu vorherbestimmt« (Epheser 1,3–4). Im Dokusan-Raum, bei einer privaten Sitzung mit dem Zen-Lehrer, werden wir vielleicht direkt aufgefordert: »Zeige mir dieses Gesicht.« Dieses Problem lässt sich nicht durch bloße Klugheit lösen, weil es analytisch betrachtet unsinnig ist. Es ist sinnlos, es mit dem rationalen, diskursiven Geist angehen zu wollen. Denn dies ist eine Aufforderung, jene unaussprechliche göttliche, liebende Gegenwart zu erfahren.

Das Tor zur Einheit von Ursache-Wirkung steht offen.
Der Pfad der Nicht-Zweiheit, Nicht-Dreiheit führt
geradeaus.

Von der Beziehung von Ursache und Wirkung ist in der buddhistischen Philosophie häufig die Rede – und zwar immer dann, wenn wir uns zum Intellektualisieren verleiten lassen. Im zweiten Koan im *Wu-men-kuan* wird die Frage gestellt, ob der Erleuchtete noch an Ursache und Wirkung gebunden sei. Die Antwort darauf können wir dieser Strophe des »Preisgesangs« entnehmen: Ursache und Wirkung sind eins, nicht zwei, nicht drei – der Weg verläuft gerade.

Ein anderes Koan fordert uns auf: »Wandle geradeaus auf einem schmalen Bergpfad, der neunundneunzig Windungen hat.« Die Zen-Praxis zielt darauf ab, uns mit einem begrifflichen Widerspruch zu konfrontieren – dies frustriert den rationalen Geist, der die Dinge durch logisches Denken lösen möchte, und gestattet es dem ursprünglichen Geist, die Dinge zu sehen, wie sie sich zeigen, geradewegs, ohne Windungen.

Deine Form ist der Nicht-Form Form,
dein Gehen-und-Kommen geschieht nirgends, denn wo du bist.
Dein Gedanke ist des Nicht-Gedankens Gedanke,
dein Singen-und-Tanzen ist nichts als die Stimme des *dharma*.

Die Form und die Nicht-Form, der Gedanke und der Nicht-Gedanke gehören zusammen, nach einer chinesischen Formulierung, die auf Japanisch *munen-muso* lautet, »kein Gedanke, kein Bild«. Eigentlich ist dies ein wenig irreführend, denn wie kann man keinen Gedanken, keine Form haben, wenn man sitzt und sagt: »Ich habe keinen Gedanken«? Das ist doch bereits ein Gedanke! Wenn wir sagen, wir haben keinen Gedanken oder keine Form, übersteigt dies den Geist und treibt uns in die Enge. Wir können den Teufelskreis nicht durchbrechen.

Wie lassen sich diese Nicht-Form und dieser Nicht-Gedanke erkennen? Einfach, indem wir uns niederlassen und nur *sind*. Wenn uns warm wird, wischen wir uns einfach den

Schweiß ab, ohne über die Hitze nachzudenken. Wenn wir durstig sind und etwas trinken, sind wir einfach eins mit dem Augenblick, sind wir allein im Augenblick, voll und ganz. Nicht zu denken, sondern zu *sein* ist das Geheimnis.

Die zweite Zeile dieser Strophe – »dein Gehen-und-Kommen geschieht nirgends, denn wo du bist« – besagt nichts anderes, als dass es kein Kommen und Gehen gibt, und selbst wenn man sich hin und her bewegt, steht man immer still. Auch das ist unsinnig! Wir sehen doch, wie sich unsere Welt bewegt, getreu der Formulierung von Heraklit: »Alles bewegt sich, alles fließt.« Und ein anderer griechischer Denker, nämlich Parmenides, erklärt: »Nichts bewegt sich, alles ist eins.« Somit suchen wir nach einer Versöhnung dieser beiden Aussagen: Alles bewegt sich, doch alles steht still. Wir sind, wo wir sind. Wir bewegen uns fortwährend dynamisch, und doch muss sich nichts bewegen, alles ist vollständig und in Frieden, wie es ist. Im Himmelreich, heißt es im Neuen Testament, wird »der Tod . . . nicht mehr sein, noch Leid noch Geschrei noch Schmerz wird mehr sein« (Offenbarung 21,4).

Der letzte Vers der Strophe lautet »dein Singen-und-Tanzen ist nichts als die Stimme des *dharma*«. Singen und Tanzen, heißt das, drücken vollständig die Wahrheit des *dharma* aus. »Ob ihr nun esst oder trinkt oder was ihr auch tut, das tut alles zu Gottes Ehre« (1. Korinther 10,31). Wenn wir tanzen, und zwar wirklich *tanzen*, befinden wir uns in einem Zustand des *munen-muso*, Nicht-Form, Nicht-Gedanke, *einfach tanzen*.

Ich erinnere mich an eine Feier nach einem Sesshin, das wir unter Anleitung von Yamada Roshi Anfang der Achtzigerjahre des vorigen Jahrhunderts in Leyte auf den Philippinen abhielten. Es war ein Akt des Gedenkens und der Wiedergutmachung für die Toten des Zweiten Weltkriegs. In Leyte hatte es eine erbitterte Schlacht zwischen den japanischen Streitkräften und den alliierten philippinischen und US-amerikanischen

Truppen gegeben, die auf beiden Seiten viele Menschenleben forderte.

Nach der Klausur gaben wir einen Empfang und eine Party in der Halle, in der wir in Zazen gesessen hatten, und viele wurden von der allgemeinen Begeisterung angesteckt und tanzten zur Hintergrundmusik. Yamada Roshi schaute uns aufmerksam zu und freute sich über das, was er sah. Als die Musik ein wenig leiser wurde, rief er laut in die Menge: »Wie könnt ihr nicht erleuchtet werden? Ihr tanzt doch alle so gut!«

Wie grenzenlos und frei ist der Himmel des *samadhi*!
Wie beglückend klar der Mond der Vierfachen Weisheit!

Wir gelangen zu Samadhi, der inneren Welt, der Stille, die sich dynamisch in der Bewegung des Universums manifestiert: »Der klare blaue Himmel, ohne dass ein Wölkchen unseren Blick trübt.« Unsere Augen begegnen Dingen vor uns, die die Ursache unserer Täuschungen sind, sofern wir sie als »Objekte da draußen« betrachten. Wenn wir fähig sind, diesen Gedanken an »Objekte da draußen« zu durchbrechen und die Dinge zu sehen, »genau wie sie sind«, wird alles wie ein klarer blauer Himmel. Der Mond erstrahlt. Wir müssen nicht einmal mit dem Finger zum Mond zeigen. Wir brauchen nichts weiter zu tun, als ihn in all seinem strahlenden Glanz leuchten zu lassen. Genau so, wie er ist.

In diesem Augenblick – was mangelt dir?
Nirvana zeigt sich dir.
Dort, wo du stehst, ist das Land der Reinheit,
deine Person der Körper des Buddha.

Diese letzten vier Verse sind eine Zusammenfassung von Hakuins »Preisgesang«. Eine andere Übersetzung lautet: »Und was können wir denn auch mehr suchen. / Hier zeigt sich das Nirvana selbst. / Dieser Ort ist nichts anderes als das Lotos-Land, / dieser Körper nichts anderes als der Buddha.«

Alles ist da, vollständig und total. Was können wir auch noch suchen? Wir sind nichts, aus Nichts erschaffen und doch vollständig, vollkommen, gerade so, wie wir sind, in unserem Nicht-Sein. Dieses Nicht-Sein zu erblicken liefert uns den Schlüssel zu unserer Vervollständigung und Vervollkommnung, zu Frieden und Freiheit. Der »Preisgesang« fordert uns zu dieser Erfahrung des Nicht-Seins in der Vervollständigung, Vervollkommnung im Nicht-Sein auf.

»Hier zeigt sich das Nirvana selbst.« Nicht weit oben im Himmel, sondern direkt vor unserer Nase. Diese einfache Botschaft wird leider immer ignoriert, und daher bezeichnet Marx die Religion kritisch als Luftschloss. Die Menschen schauen zum Himmel auf, erwarten, dass das Leben nach dem Tod oder irgendeine idealisierte Zukunft ihre Wünsche erfüllt und ihr Glück verwirklicht. Wegen dieser Einstellung vergessen und vernachlässigen wir den Schatz, der im Hier und Jetzt liegt. Wir werden aufgefordert, die Augen und das Herz zu öffnen. Und siehe da, das Himmelreich ist nahe.

»Dieser Ort ist nichts anderes als das Lotos-Land.« Wir dürfen diese Formulierung nicht missverstehen und meinen, wir seien bereits im Himmel. Du meine Güte, es muss doch erst noch eine ganze Welt verwandelt werden! Die ganze Schöpfung stöhnt vor Schmerz und sehnt sich nach ihrer Erlösung (Römer 8,23). Und mit jedem Stöhnen kommen das »bereits hier« und das »noch nicht« zusammen. Das Reich ist verwirklicht und muss doch erst noch erfüllt werden. Dieser Widerspruch löst sich beim Eintritt ins Himmelreich auf. Das Hier und Jetzt ist vollständig und vollkommen, und doch verlangt es nach größerer Vollkommenheit und größerer Ganzheit. Jene göttliche, liebende Gegenwart, die wir Gott nennen, ist stets jenseits, sie transzendiert alles, was wir uns jemals vor-

111

stellen können, und ist uns doch vertrauter, als wir es uns selbst sind.

Im letzten Vers heißt es, unser Körper sei der Körper des Buddha. Diese Vorstellung entspricht nicht unserem gewohnten Bild vom Buddha, der so gelassen auf Altären und heiligen Bildnissen dargestellt ist.

Um dies aus einem anderen Blickwinkel zu betrachten, denken wir einmal darüber nach, was bei der christlichen Abendmahlsfeier, der Messe geschieht. Das zentrale Ereignis dieses Rituals besteht in den Worte der Weihe, die der Priester formuliert, indem er an das erinnert, was Jesus Christus während seines letzten Abendmahls mit seinen Jüngern sagte, kurz bevor er zum Tod am Kreuz verurteilt wurde. Er nimmt das Brot und sagt: »Dies ist mein Leib, der für euch gegeben ist.«

Wenn wir hier mit unserem Herzen zuhören, was bekommen wir dann? »Dies ist mein Leib.« Was ist »dies«? Was ist »mein«? Und was ist dieser »Leib«? Wenn wir in der Lage sind, aus dem Kern unseres Wesens diese Worte der Weihe zu hören: »Dies ist mein Leib, der für euch gegeben ist«, dann bricht die Barriere zwischen diesem engstirnigen Selbst mit seinem physischen Körper und all den Körpern aller fühlenden Wesen und den Körpern aller Heiligen und dieser ganzen Erde und dem ganzen Universum und dem Leib Christi zusammen. Und mit diesem Zusammenbrechen sehen wir mit neuen Augen und wir hören mit neuen Ohren, wie es aus den Tiefen ertönt: »Dies ist mein Leib, der für euch gegeben ist.«

Wenn wir nur an der Oberfläche unseres Bewusstseins leben, sind wir nichts weiter als schwächliche, kleine, getrennte Wesen, und ich bin hier, und Jack ist dort drüben, und Jill ist auf der anderen Seite. Wir sind verschieden und verstreut. Aber wenn wir uns zu einer tieferen Ebene zu begeben vermögen, erblicken wir den Punkt, an dem es keinerlei Trennung gibt. Wir sind »dieser Leib«. Wenn wir dieses Reich von

»diesem Leib« erfahren, sind wir in der Lage, den Grund des Mit-Gefühls, ja buchstäblich des Mit-Leidens zu erfahren. Das Leiden unserer Mitmenschen und Mitlebewesen wird unser ureigenes, es ist nicht mehr von uns getrennt. »Dies ist mein Leib, der für euch gegeben ist.«

»Dieser wahre Leib« ist der Leib von jedem von uns, der vor Schmerz stöhnt und in dieser unserer Welt mit dem Leiden ringt. Wenn wir aus den Tiefen unseres Wesens diese Worte zu äußern vermögen: »Dies ist mein Leib, der für euch gegeben ist«, erkennen wir, nunmehr mit weit offenen Augen, diesen wahren Leib, den Leib des Buddha.

6 Der erleuchtete Samariter

Zen-Interpretation eines christlichen Gleichnisses

VORAUSSCHICKEND MÖCHTE ICH BETONEN, dass es nicht meine Absicht ist, einen »Kommentar« zu einer Passage der Heiligen Schrift zu liefern. Ich sage dies, weil die Heilige Schrift auf eine *lebendige Wirklichkeit* verweist, in die wir eintreten und die wir nicht einfach von außen beobachten und kommentieren sollen. Anders formuliert: Sie bietet uns spirituelle *Nahrung*. Und genau wie bei jeder anderen Nahrung besteht die angemessene Reaktion nicht darin, sie einfach anzustarren oder zu fotografieren – obwohl dies völlig legitim ist –, sondern darin, an dem *teilzuhaben und zu essen*, was uns da vorgesetzt wird. Genauso verhält es sich, wenn wir aufgefordert werden, in die Welt dieser Passage aus der Heiligen Schrift einzutreten. Wir lesen nicht nur mit unserem Kopf, sondern auch mit unserem Körper, mit unserem ganzen Wesen, wenn wir in die lebendige Welt des Textes eintreten und zulassen, dass uns dieses dynamische Leben mit jedem Atemzug, mit jedem Pulsschlag umhüllt.

Betrachten wir nun dieses Gleichnis aus den Evangelien:

> Und siehe, da stand ein Schriftgelehrter auf, versuchte ihn und sprach: Meister, was muss ich tun, dass ich das ewige Leben ererbe?

Er aber sprach zu ihm: Was steht im Gesetz geschrieben? Was liest du?

Er antwortete und sprach: »Du sollst den Herrn, deinen Gott, lieben von ganzem Herzen, von ganzer Seele, von allen Kräften und von ganzem Gemüt, und deinen Nächsten wie dich selbst.«

Er aber sprach zu ihm: Du hast recht geantwortet; tu das, so wirst du leben.

Er aber wollte sich selbst rechtfertigen und sprach zu Jesus: Wer ist denn mein Nächster?

Da antwortete Jesus und sprach: Es war ein Mensch, der ging von Jerusalem hinab nach Jericho und fiel unter die Räuber; die zogen ihn aus und schlugen ihn und machten sich davon und ließen ihn halbtot liegen.

Es traf sich aber, dass ein Priester dieselbe Straße hinabzog; und als er ihn sah, ging er vorüber.

Desgleichen auch ein Levit; als er zu der Stelle kam und ihn sah, ging er vorüber.

Ein Samariter aber, der auf der Reise war, kam dahin; und als er ihn sah, jammerte er ihn; und er ging zu ihm, goss Öl und Wein auf seine Wunden und verband sie ihm, hob ihn auf sein Tier und brachte ihn in eine Herberge und pflegte ihn.

Am nächsten Tag zog er zwei Silbergroschen heraus, gab sie dem Wirt und sprach: Pflege ihn; und wenn du mehr ausgibst, will ich dir's bezahlen, wenn ich wiederkomme.

Wer von diesen dreien, meinst du, ist der Nächste gewesen dem, der unter die Räuber gefallen war?

Er sprach: Der die Barmherzigkeit an ihm tat. Da sprach Jesus zu ihm: So geh hin und tu desgleichen!

(Lukas 10,25–37)

Im Allgemeinen verstehen wir dieses Gleichnis als eine moralische Aufforderung: »Hilf deinem in Not befindlichen

Nächsten.« Dies mag zwar eine zutreffende Interpretation sein, wird aber dem, was uns hier dargeboten wird, nicht völlig gerecht.

Das Gleichnis beginnt mit der Frage des Schriftgelehrten: »Was muss ich tun, um das ewige Leben zu erlangen?« Loten wir doch einmal die Tiefen unseres Wesens aus, und hören wir uns diese Frage genau an. Wir stellen uns doch diese Frage in unserem Herzen, auch wenn wir sie vielleicht anders formulieren:

Was ist das wahre Leben?
Wie kann ich ein echtes Leben führen?
Wie kann ich erkennen, wer ich bin, und in jedem
Augenblick meines Lebens mein wahres Selbst leben?

Das »ewige Leben« ist somit nicht das Leben nach unserem Tod, die Verlängerung von irgendeiner Form von Bewusstsein nach unserem biologischen Tod, sondern etwas, das wir hier und jetzt erlangen können.

Das verweist auf die gleiche Wirklichkeit, von der an einer anderen Stelle des Neuen Testaments die Rede ist: Das »Reich Gottes ist herbeigekommen« (Markus 1,15) – hier und jetzt! Wie also sollen wir am ewigen Leben im Hier und Jetzt vor uns teilhaben?

Das Gleichnis handelt nicht davon, wie wir uns irgendwie den Eintritt in dieses ewige Leben verdienen, weil wir unserem Nächsten Gutes getan haben – auch wenn es seit langem üblicherweise so interpretiert wird. Dies ist tatsächlich eine sehr eng gefasste Deutung, und ich behaupte, sie verfälscht den Text. Wir werden aufgefordert, schweigend innezuhalten, wenn wir diese Frage stellen: »Was *ist* ewiges Leben?«

Wenn wir diese Passage aus dem Neuen Testament lesen, suchen wir nicht so sehr nach der »Bedeutung« des Textes, sondern wir wollen bei unserer Suche weiterkommen, bei der

Suche nach der Antwort auf die Fragen: »Wer bin ich?« und »Was ist mein wahres Selbst?«

Nun also sind wir darauf eingestellt, die Welt des Textes zu betreten, und zwar nicht bloß mental, sondern auch körperlich, mit unserem ganzen Sein.

Unsere Suche ist an sich die Suche nach dem ewigen Leben. Genau danach suchen wir ernsthaft, wenn wir still dasitzen, unsere Aufmerksamkeit unserer Atmung widmen, uns auf unser ganzes Sein im Hier und Jetzt konzentrieren. Für diejenigen, die mit dem Koan Mu praktizieren, liegt dies ebenfalls dem ganzen Unterfangen zugrunde. In der Praxis dieses Koan atmen wir mit Mu ein und aus, wir sitzen mit Mu, stehen mit Mu, gehen mit Mu, bis wir an einen Punkt gelangen, an dem wir im Mu aufgelöst werden. Und wenn dies geschieht, dann ist es nicht mehr das *Ich*, das atmet, das sitzt, das steht, das geht. Nur noch Mu. Wenn Mu sich manifestiert, erkennen wir, dass wir in das Reich des ewigen Lebens eingetreten sind.

Im obigen Gleichnis erfahren wir, dass der Schlüssel zum ewigen Leben dadurch erlangt wird, dass wir diesem heiligen Gebot folgen: »Du sollst den Herrn, deinen Gott, lieben von ganzem Herzen, von ganzer Seele, von allen Kräften und von ganzem Gemüt.« Denjenigen von uns, die in der christlichen Tradition aufgewachsen sind, sind diese Worte so vertraut, dass sie sie beinahe überhören – sie gehen zum einen Ohr hinein und zum anderen wieder hinaus. Aber diesmal wollen wir uns fragen, was dieses Gebot wirklich von uns verlangt. Ist damit, dass wir Gott von ganzem Gemüt lieben, irgendeine besondere Art von Tätigkeit, irgendein besonderes Denken oder Fühlen verbunden?

Vielleicht können wir diese Frage auch anders stellen, indem wir die Aufgaben betrachten, die wir bereits tagaus, tagein wiederholen: Wie lieben wir Gott mit unserem ganzen Geist, unserem ganzen Herzen und unserem ganzen Sein, während wir zum Beispiel Auto fahren? Oder: Wie lieben wir Gott, wenn wir das Geschirr abwaschen (oder die Geschirrspülmaschine füllen), während wir auf der Post anstehen oder den Einkaufswagen vom Supermarkt zum Auto schieben? Wie lieben wir Gott mit unserem ganzen Sein, wenn wir schlafen? Wie lieben wir Gott auf diese Weise, wenn wir erfahren, dass wir Krebs haben, oder wenn wir wegen einer Krankheit oder Verletzung schreckliche Schmerzen haben?

Alles deutet hier darauf hin, dass Gott »von ganzem Herzen, von ganzer Seele, von allen Kräften und von ganzem Gemüt« zu lieben nicht etwas »Zusätzliches« ist, das wir über all die kleinen Dinge hinaus tun, die wir tagtäglich tun. Woraus besteht unser Tag? Wir stehen auf, waschen uns das Gesicht, frühstücken, gehen zur Arbeit, treffen uns mit anderen Menschen, und so weiter. Während wir all diese Dinge mit unserer ganzen Seele, unserer ganzen Kraft, unserem ganzen Geist tun, stellt sich uns die Frage: Wie lieben wir Gott? Kurz, der »Gott«, den wir meinen, wenn wir sagen »Gott lieben«, ist nicht etwas »da oben« oder gar »hier drinnen« als Objekt unserer »Liebe«. Was ist dann gemeint mit der Formulierung »Gott lieben«? Eine andere Frage, die vielleicht ein Licht auf diese wirft, ist die folgende: Was heißt »Zen leben« im Zusammenhang mit den verschiedenen Ereignissen und Begegnungen unseres täglichen Lebens, wie unser Gesicht waschen, frühstücken, uns mit anderen Menschen treffen, und so weiter?

Vertiefen wir diese Frage noch weiter. Worum geht es bei diesem ewigen Leben? Wo sollen wir es finden, während wir all diese besonderen Ereignisse unseres täglichen Lebens erleben? Vielleicht vermögen wir einfach deshalb nicht zu »sehen«, was uns all dies offenbart, weil wir all diese Dinge eben nicht mit unserer ganzen Seele, unseren ganzen Kräften oder unserem ganzen Geist angehen. Wir führen unser Leben halb benommen, wissen nicht, wohin wir gehen, sind hin und her gerissen zwischen verschiedenen Richtungen, und ständig nörgelt eine innere Stimme herum: »Ist das schon alles?«

Wer von uns in der Lage ist, auf diese Stimme zu hören und sie sich zu Herzen zu nehmen, vermag auch die Aufforderung zu hören, dass wir uns etwas mehr Spielraum im Leben einräumen, still zu sein, nach innen zu schauen, uns womöglich auf Zazen einzulassen. In diesem Zusammenhang sind wir vielleicht nach und nach geneigt, die Unordnung in unserem Leben zu beseitigen, und imstande, auf die Mitte unseres Seins und aus ihr heraus zu hören. Und dies kann uns dem Erwachen öffnen.

Betrachten wir nun die zweite Klausel des Gebots: liebe »deinen Nächsten wie dich selbst«. Dies ergibt sich ganz natürlich aus der ersten Klausel, nämlich Gott mit unserem ganzen Herzen und mit unserem ganzen Sein zu lieben. Indem wir Gott mit unserem ganzen Sein lieben, sind wir in der Lage, auf eine völlig andere Weise »uns selbst zu lieben«. Auf diese Weise jeden Atemzug, jeden Schritt, jedes Handeln, jede Begegnung in unserem täglichen Leben zu lieben wirft vielleicht die Frage auf: Wer ist es, der da liebt? Und wer wird geliebt? Die Frage vermag uns für einen neuen Horizont unseres Lebens zu öffnen. Das heißt, wir erhaschen vielleicht einen Blick auf eine Wirklichkeit, die wir nur dadurch in Worte fassen können, indem wir sagen: Liebe ist Selbst-Liebe. Was heißt das? Das hört sich doch jetzt an wie eine Aussage, die sich von selbst versteht, genau wie »Zen leben« sich von selbst versteht oder eine Tautologie ist. Denn in gewisser Hinsicht ist »Leben« nichts anderes als Zen an sich, und umgekehrt: »Zen« ist nichts anderes als Leben an sich.

Aus genau dieser Sicht ist auch unser »Nächster« in einem völlig anderen Licht zu sehen. Er ist nicht mehr »jener andere Mensch, zu dem ich nett sein muss« oder etwas Ähnliches, sondern jemand, der in diesen Kreis der sich selbst liebenden Liebe eingeschlossen ist. Wenn wir unseren Nächsten als nicht getrennt von uns betrachten, sondern als umfangen vom selben Kreis der Liebe, von dem wir selbst umfangen sind, dann umarmen wir ihn gleichermaßen mit unserer ganzen Seele, unserem ganzen Geist, unserem ganzen Herzen, unserer ganzen Kraft. Damit sind wir bei einer weiteren Tautologie angelangt, denn aus der obigen Perspektive, nämlich der sich selbst liebenden Liebe, sind »Gott lieben«, »uns selbst lieben« und »unseren Nächsten lieben« lauter Formulierungen, die auf genau die gleiche dynamische Wirklichkeit verweisen, in die jeder von uns von Augenblick zu Augenblick eingehüllt ist, mit jedem Pulsschlag und mit jedem Atemzug unseres Lebens!

Aber wieder verspüren wir dann das Bedürfnis zu fragen: Wer ist denn nun unser Nächster?, genau wie es der Schriftgelehrte im Gleichnis in unserem Namen tut. Und daraufhin erzählt Jesus die Geschichte vom schwer verletzten Reisenden, vom Priester, vom Leviten und vom Samariter.

Und wenn wir nun diese Geschichte nur als eine moralische Aufforderung verstehen, denen zu helfen, die sich in Not befinden, verfehlen wir leicht die Bedeutung dieser Passage. Mit einer solchen moralistischen Interpretation sind wir in einem dualistischen Denken befangen: Wir trennen »Ich, der Helfer« von »jenen anderen, die sich in Not befinden«. Aber dies ist nicht das, worum es hier auf tiefster Ebene geht. Dabei kommt das Wort ins Spiel, das wir im Deutschen mit »Mitgefühl« oder »Mitleid« übersetzen. Im Griechischen (der Sprache, in der das Neue Testament ursprünglich geschrieben wurde) lautet es *splanchnizomai*, und das bedeutet wörtlich so viel wie »im Bauch bewegt werden« (oder »in den Eingeweiden bewegt werden«). Das heißt, man wird »bis in die wahren Tiefen des eigenen Seins bewegt«. Das Griechische also stellt das Mitgefühl auf eine ziemlich körperliche Art dar, als »Bauchgefühl« – »den Schmerz eines anderen im eigenen Bauch fühlen«. Kurzum, den Schmerz des Menschen, der da

120

auf der Straße liegt, erlebe ich als meinen ureigenen Schmerz, im Kern meines eigenen Seins. Dann geht es nicht mehr darum, dass man auf seinem Esel sitzt und sagt: »Oh, wie schlimm! Der arme Kerl! Da steige ich doch ab und helfe«, wie sich das vom Standpunkt eines Außenseiters anhören würde. Der Samariter war »bewegt und fühlte den Schmerz in seinem eigenen Bauch«. Genau in diesem Augenblick durchschaute er die Barriere zwischen dem Selbst und dem Anderen und überwand sie, und der Schmerz des verletzten Reisenden zeigte sich als sein ureigener Schmerz. Vom Esel zu springen, die Wunden zu versorgen, sich um Unterkunft und Pflege zu kümmern – so zu handeln war dann etwas völlig Natürliches. Genauso, als ob mich etwas in meinem rechten Arm jucken und meine linke Hand sich in die Richtung dieses Juckreizes bewegen würde, meine Finger dann mit dem Kratzen begännen und meine linke Hand, nachdem das Jucken nachgelassen hätte, sich wieder mit dem beschäftigen würde, was sie zuvor getan hätte. Und all dies geschähe, ohne dass die rechte Hand »wüsste«, was die linke Hand täte.

In den *Aufzeichnungen des Meisters vom Blauen Fels* findet sich folgendes Koan: Yün-Men fragte Tau-Wu: Wozu bedarf der Große Bodhisattva der Barmherzigkeit so vieler Hände und Augen? Tau-Wu erwiderte: Das ist so wie bei einem Menschen, der mitten in der Nacht mit der Hand nach hinten greift, um nach dem Kissen zu tasten.

Wir werden uns mit dem Bodhisattva der Barmherzigkeit oder des Mitgefühls mit den tausend Händen in einem späteren Kapitel befassen und uns hier ganz auf die Antwort konzentrieren: Eine ausgestreckte Hand greift nach einem Kissen, um es zurechtzurücken. Es ist mitten in der Nacht, der Nacht der Leere, der Nacht des Nicht-Wissens. Man schläft. Kurz, man ist sich nicht die Spur dessen bewusst, was da vorgeht. Und mittendrin, als mein Kissen irgendwie verrutscht und mein Kopf unbequem liegt, greift meine Hand irgendwie spontan nach hinten, um das Kissen zurechtzurücken, und gleich darauf schlafe ich wieder ein. Das ist alles. Dieses Koan erklärt: »Das ist Mitgefühl.«

Es ist wichtig, dass wir hier Folgendes festhalten: Was der Samariter tat, war nicht irgendeine Art von »unaufgeforderter« guter Tat, irgendeine Art von freiwilligem Handeln, ein Handeln, das über das normale Maß an Pflichtgefühl hinausgeht. Er absolvierte auch nicht in Gedanken einen »Akt der Barmherzigkeit« für einen »Anderen«, einen verdienstvollen Akt, der ihm zu himmlischem Lohn verhelfen würde. Er tat bloß sofort das Natürlichste, was man in so einer Situation tut. Dieses »Natürlichste« tun wir spontan, wenn wir die Dualität transzendieren, wenn wir »den Anderen« nicht als von unserem eigenen Selbst getrennt verstehen.

Es kann geschehen, dass wir in diese Welt der Nicht-Dualität eintreten, wenn wir schweigend in Zazen sitzen. Und einen sehr effektiven Zugang zu dieser Welt bietet paradoxerweise der Schmerz. Der Schmerz der Welt, der Schmerz meines Nächsten, sogar der Schmerz in meinen Knien fordert mich auf, mich unmittelbar auf diese Welt der Nicht-Dualität einzulassen.

Was wir »tun müssen«, um zum ewigen Leben zu gelangen, verdeutlicht uns diese Geschichte. Aber sie ist nicht gleichbedeutend mit der Vorschrift, »unserem Nächsten zu helfen, der sich in Not befindet«, auch wenn wir damit natürlich nicht sagen wollen, dass man dies nicht tun sollte. Alles, was der Samariter »tat«, war einfach die natürlichste und spontane Handlung, die sich daraus ergab, dass er die dualistische Wahrnehmung von »Ich« und »der Andere« durchbrach. Der Schmerz des verletzten Reisenden wurde für den Samariter, um hier einen Zen-Begriff zu gebrauchen, das »Wendewort«, das sein Herz und seinen Geist für das erleuchtete Handeln öffnete, die Kraft des Mitgefühls aktivierte.

Wenn wir uns umschauen, dann sehen wir, dass die Welt

von allen möglichen »Wendeworten« erfüllt ist, die unsere Augen für diese Welt der Nicht-Dualität öffnen können. Die Bäume, die Berge, der Himmel, die Steine, die Flüsse – sie alle sagen: Schau mich an, und siehe!« Können Sie sie hören? Diejenigen von uns, deren Herz dadurch verhärtet ist, dass sie sich nur mit sich selbst beschäftigen oder idealistische Erwartungen haben, so dass sie mit dem, was sie haben, immer nur unzufrieden sind, ebenso wie diejenigen, die diese Wunder für selbstverständlich halten – sie müssen sozusagen von ihrem Esel abgeworfen werden, sie müssen stärker aufgerüttelt werden, etwa durch den ganz realen und konkreten Schmerz der im Regenwald des Amazonas gefällten Bäume, der Berge, die von Bergbauunternehmen eingeebnet werden, weil sie an die darunter liegenden Mineralien gelangen wollen, der ganzen Erde, die von Industriemüll und Abgasen verschmutzt wird. Durch den Schmerz der Flüchtlinge aus Ländern, die von Kriegen zerrissen werden, den Schmerz hungernder Kinder. Durch den Schmerz derer, die aufgrund ihrer ethnischen Herkunft, ihrer Hautfarbe, ihres Geschlechts oder ihrer sexuellen Neigungen schikaniert oder diskriminiert werden. Oder durch den Schmerz eines Freundes, dem ein geliebter Mensch gestorben ist. Am Ende der Geschichte fragt Jesus: »Wer von diesen dreien, meinst du, ist der Nächste gewesen dem, der unter die Räuber gefallen war?« Der Schriftgelehrte erwidert: »Der die Barmherzigkeit an ihm tat.« Und daraufhin fordert Jesus ihn auf: »So geh hin und tu desgleichen!«

Wir sollten dies nicht so verstehen: »Geh und ahme den Samariter nach – tu, was der Samariter tat.« Vielmehr sollten wir diese Worte von Jesus als ein Koan für uns begreifen, auf das wir uns mit unserem ganzen Körper und Geist einlassen. Und wenn wir solch ein Koan in uns das bewirken lassen, was Koans gewöhnlich in einem Praktizierenden bewirken, werden wir vielleicht einfach vom Esel unserer selbstgenügsamen Sicherheit abgeworfen und in eine Welt der Nicht-Dualität eingetaucht, eine Welt, die von einem kosmischen Mitgefühl durchdrungen ist. Das Wort »tu« mag dann irreführend sein, so dass wir vielleicht Jesu Aufforderung umformulieren und sagen können: »Geh und *sei*, wie er *ist*.« Kurz: Tritt in diese Welt der Nicht-Dualität und des Mitgefühls ein, in der sich der Samariter immerzu aufhält. Der direkte Weg dorthin besteht darin, dass wir den Schmerz der Welt vernehmen. Aber es gibt nicht so etwas wie den »Schmerz der Welt« als etwas Abstraktes. Vernehmen wir also zunächst den Schmerz des Menschen neben uns. Das mag dann das Wendewort werden, das uns die Augen für das ewige Leben öffnet.

In der katholischen Tradition ist Maria, die Mutter von Jesus, unsere heilige Mutter Gottes, der Inbegriff des erleuchteten Menschen, der die Weisheit der Nicht-Dualität verkörpert. Als der Erzengel Gabriel ihr erklärt, sie trage Gott in ihrem Leib, stimmt sie einen Lobgesang an, den die christliche Tradition das Magnifikat nennt. In diesem Gesang manifestieren sich die Klarheit ihres Geistes und die Reinheit ihres Herzens. »Meine Seele erhebt den Herrn, und mein Geist freut sich Gottes, meines Heilandes; denn er hat die Niedrigkeit seiner Magd angesehen« (Lukas 1,46–48). Indem sie sich total leert, hüllt die Gnade Gottes sie auf eine Weise ein, die jede Dualität überwindet. Ihr Handeln, ja ihr ganzes Leben wurde damit eine Manifestation der Gnade Gottes. Die ganze Fülle dieser Gnade Gottes kam in ihrem Leben zum Ausdruck, als es seinen Höhepunkt erreichte, indem sie in ihrem Körper das Leiden Jesu am Kreuz trug. Indem sie das Leiden ihres eigenen Sohnes annahm, akzeptierte sie sein Leiden für alle Männer und Frauen in allen Zeiten, in ihrem eigenen Körper. In Maria haben wir die reinste Verkörperung der Welt der Nicht-Dualität und des »Mit-Leidens«.

Auch der Samariter in der biblischen Geschichte lebte in dieser Welt der Nicht-Dualität. Bibelgelehrte haben auf den gesellschaftlichen Kontext verwiesen und erklärt, dass zur damaligen Zeit das jüdische Volk auf die Samariter herabgeschaut habe. In dieser Gesellschaft galten die Samariter als Bürger zweiter Klasse und wurden unterdrückt und diskriminiert. Der Samariter wusste somit ganz genau, in seinem eigenen Körper, was Schmerz ist. Außerdem wusste er, was es heißt, verachtet und diskriminiert zu werden und als »unrein« zu gelten. Mit anderen Worten: Der Samariter in unserer Geschichte war ganz darauf eingestellt, den Schmerz der Welt zu leben. Und wenn er daher jemanden auf der Straße liegen sah, der Schmerzen hatte, musste er einfach die Barriere beiseite schieben, die ihn im verletzten Reisenden einen »Anderen« sehen ließ oder gar einen Angehörigen jener Gesellschaftsschicht, die sein Volk unterdrückte. So erfuhr er ganz natürlich und spontan, ohne jegliche »Anstrengung«, das Einssein mit diesem leidenden Menschen. Die Praxis des Zazen kann uns dabei helfen, uns zu unserer eigenen Natürlichkeit hin zu entwickeln. Durch das Sitzen sind wir eher bereit und in der Lage, die Welt der Nicht-Dualität zu erfahren.

Der jüdische Philosoph Martin Buber erlebte die Nicht-Dualität, als er einen Baum betrachtete, wie er in seinem Buch *Ich und du* berichtet. Es gibt viele Möglichkeiten, wie wir einen Baum betrachten können, erklärt uns Buber. Wir können ihn analysieren oder seine »Geformtheit«, seine Farbe und so weiter feststellen. Aber es gibt noch eine andere Möglichkeit. Wir können, »den Baum betrachtend, in die Beziehung zu ihm eingefasst« werden, wodurch wir dem Baum so begegnen, dass er einfach da ist. Das ist alles. Da gibt es kein »Ich« mehr, das den Baum betrachtet, sondern bloß noch den Baum! Das ist es. Kein Subjekt, kein Objekt, nur Baum.

Das erinnert an ein Koan im *Wu-men-kuan* (37. Beispiel). Chao-chou, also jener Zen-Meister mit dem berühmten Mu-Koan, wird von einem Mönch gefragt: »Warum kam Bodhidharma aus dem Westen?« Das ist nichts anderes als eine Möglichkeit, zu fragen: »Was ist das wahre Herz der Materie im Zen?« oder »Was ist Erleuchtung?« Wir könnten diese Frage auch so formulieren: »Was ist Nicht-Dualität?« Und Chao-chous Antwort lautet einfach: »Die Eiche im Garten.«

Natürlich hat der Baum in Chao-chous Antwort keine besondere Bedeutung. Es könnte genauso gut auch ein Vogel, das Ticken der Uhr, das Brodeln in einem Kochtopf sein. Im Fall des Samariters war es der Schmerz des verletzten Reisenden, der auf der Straße lag.

Wir können aber, um zu dem eingangs gestellten Thema zurückzukehren, die Frage auch so verstehen: »Wie können wir das ewige Leben verwirklichen?« Die biblische Geschichte, die wir hier betrachtet haben, deutet die Antwort an: Öffne dein Herz dem Schmerz der Welt. Vernimm den Schmerz deines Nächsten. So werden wir vielleicht unser wahres Selbst finden und das ewige Leben erfahren können.

7 Die vier Gelübde des Bodhisattva

DER BODHISATTVA ODER WEISHEITSSUCHER ist niemand anderes als wir selbst, wenn wir ernsthaft unser wahres Selbst, unser »ursprüngliches Gesicht« suchen. Wenn wir zu dieser Suche aufbrechen, fassen wir einen großen Entschluss, der vier Punkte beinhaltet, die wir die »Vier großen Gelübde« nennen. Dies tun wir zu Beginn unseres Weges zur Praxis, und wir erneuern diesen Entschluss ständig auf dem Weg. Auf ähnliche Weise legen Christen, die einer religiösen Berufung folgen und formell einer Glaubensgemeinschaft beitreten, gewisse Gelübde ab, nämlich die Gelübde der Armut, der Keuschheit und des Gehorsams gegenüber ihren geistlichen Oberen. Indem sie diese Gelübde aussprechen, bringen sie öffentlich ihre Absicht zum Ausdruck, nicht mehr nach ihren eigenen persönlichen Launen oder Begierden zu leben, sondern ganz und gar nach Gottes Willen, im Dienst Gottes und der Menschen.

Wer sich auf den Weg des Bodhisattva begibt, auf die Suche nach der wahren Weisheit, die in Mitgefühl mündet, wird aufgefordert, die folgenden vier Gelübde abzulegen:

Fühlende Wesen sind zahllos; ich gelobe, sie zu befreien. Täuschungen sind unerschöpflich; ich gelobe, sie zu beenden.

Tore zur Wahrheit sind zahllos; ich gelobe, sie zu öffnen. Der Weg der Erleuchtung ist unübertrefflich; ich gelobe, ihn zu verkörpern.

Indem die Weisheitssucher diesen großen Entschluss artikulieren, bekennen sie, dass sie nicht um ihrer eigenen beschränkten Befriedigung oder ihrer individuellen Erlösung willen nach Erleuchtung streben, sondern dass sie für alle Lebewesen, ihretwegen und zusammen mit ihnen nach Weisheit suchen. Der Bodhisattva ist somit jemand, der die totale Befreiung aller Lebewesen anstrebt – fürwahr ein großer Entschluss, eher so etwas wie »der unmögliche Traum«!

Nun mögen sich manche fragen: Wie kann ich mir anmaßen, andere zu befreien, wenn ich nicht zuerst selbst befreit bin? Wie kann ich andere erleuchten, wenn ich nicht zuerst selbst erleuchtet bin? Und das sind durchaus kluge Fragen.

Dennoch beruht diese Art zu fragen auf einer irrigen Annahme im Hinblick auf unsere Beziehung zu anderen, zu allen Lebewesen – auf der Annahme nämlich, dass wir getrennt sind. Und diese Annahme kann nur wahrhaft und wirkungsvoll in der Erleuchtungserfahrung an sich überwunden werden, wodurch ich mir ganz und gar darüber im Klaren bin, dass ich in allen Lebewesen bin und alle Lebewesen in mir sind. Die Erleuchtungserfahrung durchbricht die Barriere zwischen mir und anderen. Jemand, der sich noch auf einer Stufe vor dieser Erfahrung befindet, kann es für den Moment einfach nur glauben, nämlich, dass alle Lebewesen eins sind, an einem Leben, einer Wirklichkeit teilhaben.

Ähnlich verhält es sich, wenn man als Christ dem Willen Gottes zu folgen sucht: Man begibt sich auf die Reise, ohne voll und ganz zu wissen, worauf man sich da einlässt. Wenn man diesem Ruf ernsthaft folgt, kann man nur glauben und darauf vertrauen, dass »Gott mich bei jedem Schritt auf dem Weg führt«. Dieser Akt des Glaubens wird gewiss dadurch belohnt, dass man konkret erschaut, was er verspricht, wenn dieser Augenblick kommt. Dieser Lohn liegt auch in der Erkenntnis, dass Gott bei uns ist, uns liebt, bei jedem Schritt auf dem Weg, nicht bloß »da draußen«, sondern, wie es Augustinus formulierte, »mir vertrauter, als ich es mir selbst bin«. Die Entdeckung, dass dieser liebende Gott in den Tiefen meines eigenen Seins gegenwärtig ist, überwindet die Barriere zwischen mir und den anderen: Denn ich gelange auch zu der Erkenntnis, dass dieser liebende Gott, der mich liebt, auch meinen Nächsten liebt, genauso wie ich geliebt werde.

Nehmen wir uns nun die vier Gelübde des Weisheitssuchers im Einzelnen vor.

Fühlende Wesen sind zahllos;
ich gelobe, sie zu befreien

Dieses Gelübde erinnert nicht bloß an alle Lebewesen, die jetzt leben, sondern an die unendlich vielen Lebewesen, die seit Anbeginn der Zeit existiert haben, ebenso wie an die, die bis zum Ende der Zeit existieren werden (unabhängig davon, was wir unter dem »Ende« oder dem »Anbeginn« der Zeit verstehen).

»Fühlende Wesen« bezeichnet in der buddhistischen Terminologie Wesen, die in dieser Welt des Leidens gefangen sind, also leidende Wesen. In diesem Sinn sind wir aufgerufen, die konkrete Situation der heutigen Welt wahrzunehmen, mit all ihrer Unordnung, ihren Konflikten und ihrem Leiden.

Wir sind aufgerufen, die Augen nicht vor der Situation zu verschließen, in der sich fast eine Milliarde Menschen befinden, die vom Hungertod bedroht sind und denen das Minimum an Nahrung, Kleidung und Unterkunft fehlt, das für ein normales menschliches Leben notwendig ist. Viele kämpfen ums Überleben unter ungerechten Bedingungen und unmenschlicher Behandlung in Gesellschaften, in denen Unterdrückung herrscht, während sie ihre Menschenwürde zu bewahren versuchen. Wir sind aufgefordert, unsere Augen dafür zu öffnen, dass zahllose Menschen in vernichtende rassische, ethnische, politische Konflikte und gewaltsame Kämpfe verwickelt sind oder hineingezogen werden und dass zahllose Individuen und Familien durch repressive und unerträgliche Bedingungen aus ihrem Zuhause und aus ihrer Heimat vertrieben sind und als Flüchtlinge in den Industrienationen des Westens für sich selbst sorgen müssen, wo viele Menschen ihnen feindselig oder bestenfalls gleichgültig begegnen und ihnen vorwerfen, sie würden ihnen »auf der Tasche liegen«. Wir sind aufgerufen, die Augen für jene zahllosen Menschen zu öffnen, die aufgrund ihrer Rasse, ihres Glaubens, ihrer Herkunft, ihres Geschlechts oder ihrer sexuellen Neigungen oder als Behinderte unter diskriminierender Behandlung leiden.

Diese Liste enthält noch nicht einmal die psychischen und spirituellen Leiden, angefangen von der Trennung von geliebten Menschen bis zu allen Formen der Existenzangst, die selbst so genannte privilegierte Menschen in Verzweiflung und Elend treiben können.

Das zentrale Charakteristikum eines fühlenden Wesens ist in der Tat die Fähigkeit, zu leiden. Nicht nur die Fähigkeit, sondern die konkrete Wirklichkeit des Leidens. Was also gelobt der Weisheitssucher eigentlich, wenn er verspricht, alle fühlenden Wesen von ihrem Leiden zu befreien? Glaubt der Sucher etwa, wenn er das Leiden an sich ausmerze, werde dies alle Probleme der Welt lösen? Was wäre das doch für eine anmaßende Einstellung – als ob jemand ein universaler Erlöser sein könnte!

Die Andeutung einer Antwort findet sich in einem der vielen »vermischten« Koans, die man nach dem anfänglichen Durchbruch zum Mu bekommt und durch die der Lehrer den

Durchbruch des Schülers zur Welt der Nicht-Dualität zu bestätigen und zu klären sucht. »Einen herumirrenden Geist erlösen« lautet ein Koan. Ziel dieses Koan ist es, den Gegensatz zwischen dem Ich und dem herumirrenden Geist zu überwinden – mit anderen Worten: eins zu sein mit diesem herumirrenden Geist auf seiner Suche nach Erlösung. Wer das Koan bewältigt hat, hat vielleicht den entscheidenden Punkt erfasst, nämlich den, dass die Art und Weise, wie der herumirrende Geist erlöst wird, genau der Art und Weise gleicht, wie alle fühlenden Wesen, die leiden, erlöst werden. Mein Tipp für dieses Koan: Um ihn zu erlösen, *muss man mit dem herumirrenden Geist völlig eins werden.* Diese Erfahrung des Einswerdens ist genau der Augenblick der Erlösung, nach dem man sucht. Aber das Koan geht noch weiter, und da genügt mein Tipp nicht mehr. Wie wird jener Geist erlöst? Wenn man diese Welt der Nicht-Dualität aufgrund seiner Erfahrung erblickt hat, müsste die Antwort auf diese Frage aus dem eigenen Inneren erfolgen. Aber hier sind alle möglichen begrifflichen Antworten versperrt. Denn per definitionem gehört es gerade zum Wesen eines herumirrenden Geistes, dass er dringend der Erlösung bedarf! Somit gerät man in einen logischen Widerspruch, der nur durch den Eintritt in dieses Reich durchbrochen werden kann, das Nicht-Zwei ist – und auch nicht . . . Nicht-Eins!

Eine Variante dieses Koan könnte lauten: »Rette ein verhungerndes Kind!« Wenn man die »Erlösung« des herumirrenden Geistes erfahren hat, erkennt man auch, dass die »Rettung« des verhungernden Kindes nicht bloß in der Verteilung von Nahrung besteht. Sie stößt vielmehr direkt zum Herzen unseres Seins vor, indem sie uns auffordert, uns auf die Wirklichkeit von Hunger, Unterernährung und Verhungern in dieser unserer Welt einzulassen.

Der bekannte spirituelle Autor Henri Nouwen lenkt unsere Aufmerksamkeit in einem Buch mit ebendiesem Titel auf die

Gestalt des »verwundeten Heilers«. Dieses Konzept läuft auf genau den gleichen Punkt hinaus, den zu erfahren uns dieses Koan auffordert.

Um sich dessen bewusst zu sein, was dieses Gelübde bedeutet, werden die Weisheitssucher zunächst aufgefordert, die Barriere zwischen sich und dem sterbenden Kind, zwischen sich und allen Lebewesen zu durchbrechen. Mit diesem Verständnis wird man offen für eine völlig neue Perspektive bei der Betrachtung dieser Welt des Leidens und wie Lebewesen inmitten des Leidens zu erlösen sind.

Täuschungen sind unerschöpflich;
ich gelobe, sie zu beenden

Trügerische Leidenschaften und Bindungen sind eine Folge unserer Blindheit, die darin wurzelt, dass wir uns an ein trügerisches Ich klammern. Dies ist die wahre Ursache für alles konkrete Leiden der Menschen. Dieses trügerische Ich, das auf der individuellen ebenso wie auf der sozialen, strukturellen etc. Ebene unseres vernetzten Seins operiert, ist die direkte Ursache dafür, dass heutzutage Millionen auf unserem Planeten verhungern, die Grundursache ungerechter und unmenschlicher Strukturen, der gewaltsamen Kämpfe zwischen Gruppen und Flügeln, die an vielen Orten zum Krieg und zur unablässigen Zerstörung der Umwelt führen, die das Überleben unseres Planeten bedroht. All diese Phänomene, ja alles Leid und alle Qual der Menschen lassen sich letztlich auf das blinde und zerstörerische Wirken des trügerischen Ichs und unsere Bindung an es zurückführen, dieses Ich, das in seiner Unwissenheit getrieben wird, engstirnige Eigeninteressen auf Kosten anderer zu verfolgen.

Die Starken beherrschen die Schwachen. Wer die politische, ökonomische und militärische Macht hat, beherrscht die, die keine Macht haben. Gruppen und Individuen kämpfen darum, die Macht zu kontrollieren. Dies und nichts anderes ist die Geschichte der Menschheit.

Trügerische Leidenschaften und Bindungen sind so tief in jedem von uns eingebettet, dass sie endlos aufgehen, wie Unkraut, und daher sagt man, sie seien »unerschöpflich«. Wer gelobt, sie auszumerzen, scheint erneut das Unmögliche zu geloben.

Aber um dieses Gelübde zu verwirklichen, müssen wir uns darüber im Klaren sein, wo die Wurzel dieser trügerischen Leidenschaften und Bindungen liegt. Wenn wir diese Wurzel im blinden Wirken des Ichs erkennen, das meine egoistischen Interessen von den Interessen anderer trennt und unterscheidet und »mein eigenes« Wohlergehen über das Wohlergehen anderer stellt, dann erkennen wir, wo wir das Problem angehen müssen. Kurz – dieses Ego auszumerzen, die Quelle jener trügerischen Unterscheidung zwischen mir und anderen, die Ursache meiner Trennung von anderen, ist der Schlüssel zum Ausmerzen des Unerschöpflichen.

Die Praxis des stillen Sitzens ist für uns eine konkrete Möglichkeit, dieses trügerische Ich klar zu erkennen und es dann zu überwinden. Eine weitere konkrete Möglichkeit dazu besteht darin, das Koan Mu zu praktizieren. Während wir unser Samadhi im bloßen Sitzen vertiefen, schmilzt das trügerische Ich dahin. Mu zu erkennen heißt, die Ketten des trügerischen Ichs zu zerbrechen und für ein neues Reich, eine neue Freiheit offen zu werden.

Christen, die den Willen Gottes in ihrem Leben suchen, können von der Erkenntnis ihrer eigenen Sündhaftigkeit oder vom Gefühl der Unwürdigkeit überwältigt werden. Dies zu erkennen kann ein Zeichen von Aufrichtigkeit und wahrer Demut in einem christlichen Sucher sein. Andererseits kann es aber dazu führen, dass wir auf unserem Weg zu Gott stecken bleiben. Dieses Gefühl der Sündhaftigkeit und Unwürdigkeit kann auf eine Weise verstanden werden, die die Vorstellung der Trennung von Gott verstärkt. Und umgekehrt verschlimmert diese Vorstellung der Trennung von Gott das Gefühl der Sündhaftigkeit und Unwürdigkeit. Wie also durchbricht man diesen Teufelskreis der Trennung?

Indem ich meine Sündhaftigkeit und Unwürdigkeit akzeptiere, bin ich in der Lage, mein ganzes (sündhaftes und unwürdiges) Selbst der barmherzigen Umarmung des liebenden Gottes anzuvertrauen. Mit anderen Worten: Indem ich meine Sündhaftigkeit und Unwürdigkeit bekenne und mich Gottes Barmherzigkeit anvertraue, bin ich fähig, diese liebende Gegenwart zu erfahren, die mich umarmt, und zwar *einfach so, wie ich bin*. Indem ich in dieser liebenden Umarmung schmelze, werde ich angenommen, sogar in meiner Sündhaftigkeit und Unwürdigkeit, und mir wird vergeben. Dadurch bin ich imstande, meine wahre und ursprüngliche Natur wiederzuerkennen und wiederzuerlangen, »ehe der Welt Grund gelegt war . . ., heilig und untadelig« (Epheser 1,4), und mich im Licht dieser liebenden Gegenwart zu sonnen.

Wie kann dieser sündige und unwürdige Mensch gleichzeitig heilig und untadelig sein? Dies stellt für uns ein weiteres Koan dar. Und an das können wir mit einem Vers herangehen, der oft in Zen-Meditationshallen angestimmt wird, dem so genannten Vers der Läuterung:

> Für alles schädliche Karma, das seit langem je von mir
> begangen wurde, aufgrund meiner anfanglosen Gier,
> meines anfanglosen Zorns und Unwissens, geboren aus
> meinem Leib, meinem Mund und meinem Bewusstsein,
> tue ich nun Buße.

Zu erkennen, dass ich diesen trügerischen Leidenschaften von Gier, Zorn und Unwissen unterworfen bin, ist eine wichtige

Facette der Entdeckung meines wahren Selbst. Der Höhepunkt dieses Verses liegt in der letzten Formulierung: *tue ich nun Buße*. Nun, in diesem Augenblick, der aus der linearen Zeit herausspringt und die Ewigkeit berührt, öffne ich mich, um mit allem eins zu sein. Und während ich erkenne, dass ich mit allem eins bin, vermag ich mit den Folgen dieser trügerischen Leidenschaften zu leben und die Verantwortung für sie zu übernehmen. Dies ist der Weg zur Läuterung: Buße zu tun für meine trügerischen Leidenschaften und ihre Folgen, während ich erkenne, dass ich mit allem eins bin.

Tore zur Wahrheit sind zahllos; ich gelobe, sie zu öffnen

Im ersten Teil dieses dritten Gelübdes wird erklärt, dass all die Myriaden von Dingen im Universum unser Tor zur Erleuchtung sein können. Durch dieses Gelübde entschließt sich der Weisheitssucher dazu, Herz und Geist zu öffnen, um all die Myriaden von Dingen des Universums als ein Tor zum wahren Selbst anzunehmen.

Eine bekannte Passage aus der Redensammlung des Zen-Meisters Dogen, dem *Shobogenzo (Die Schatzkammer der Erkenntnis des Wahren Dharma)*, gibt uns einen Hinweis darauf, wie wir dieses Gelübde verstehen sollen.

Den Buddha-Weg zu studieren heißt, das Selbst zu studieren. Das Selbst zu studieren heißt, das Selbst zu vergessen. Das Selbst zu vergessen heißt, durch die Myriaden von Dingen des Universums erleuchtet zu werden.

Das chinesische oder japanische Schriftzeichen in diesem Vers, das mit »studieren« übersetzt ist, ist das gleiche Schriftzeichen, das im dritten Gelübde mit »öffnen« übersetzt ist. Eine wörtlichere Übersetzung des Gelübdes würde somit lauten: »Tore zur Wahrheit sind zahllos. Ich gelobe, sie alle zu studieren (oder zu erlernen).« Wenn der Sucher den Hinweis aus der Passage von Dogen aufgreift, vermag er durch ein Tor zur Wahrheit einzutreten, indem er irgendein bestimmtes Phänomen, irgendeines der zahllosen (Myriaden) Dinge im Universum betrachtet. Das könnte ein Baum, ein Berg, ein Staubkorn oder das Zwitschern eines Vogels, das Bellen eines Hundes sein. Oder es könnte das eigene Atmen sein. Es könnte sogar ein tragisches Ereignis wie der Tod eines geliebten Menschen sein. Mit anderen Worten: Jedes einzelne dieser Myriaden von Dingen könnte unser Tor zur Erleuchtung sein. Aber damit man diese Tore zur Erleuchtung öffnen und durch sie eintreten kann, ist es erforderlich, dass man sich total von seiner Vorstellung von einem Selbst löst, das getrennt von diesen Myriaden von Dingen ist. Philosophisch formuliert, ist dies die Auflösung der Subjekt-Objekt-Dichotomie, die unser gewöhnliches Bewusstsein charakterisiert. Wenn diese Dichotomie überwunden wird, nämlich mit der Auflösung des »wahrnehmenden Subjekts«, siehe da, dann gibt es auch das »wahrgenommene Objekt« (Baum, Berg usw.) als solches nicht mehr. Was geschieht dann? Dies ist der Augenblick, in dem sich der Buddha-Weg voll und ganz manifestiert.

Aus christlicher Perspektive steht die Formulierung von Ignatius von Loyola, »Gott in allen Dingen finden«, anscheinend im Einklang mit dem Vorsatz dieses dritten Gelübdes. Einer der Höhepunkte der Exerzitien des heiligen Ignatius ist eine Übung, die die Kontemplation über die göttliche Liebe genannt wird. Sie wird dem Praktizierenden abverlangt, wenn es auf den Höhepunkt des Prozesses der geistlichen Übungen zugeht, nachdem er die anstrengenden Stadien der Läuterung von allen Sünden und allen Neigungen, sich von Gottes

Willen zu trennen, hinter sich gebracht und Einsicht erlangt hat in die Wege von Gottes Wirken in der Geschichte, nämlich durch die kontemplative Betrachtung des Lebens, des Todes und der Wiederauferstehung von Jesus Christus, des heiligen Gottes. In diesem Stadium ist der Praktizierende voll und ganz darauf eingestellt, sein Leben in Übereinstimmung mit dem Willen des liebenden Gottes zu leben. Diese Übung fordert den Praktizierenden auf, die Elemente der Schöpfung zu betrachten, angefangen bei den unbelebten Objekten wie Felsen und Steinen über die Pflanzen bis hin zu Tier und Mensch.

Wenn ich zum Beispiel einen Kieselstein in die Hand nehme, seine Struktur spüre, ihn in die Luft werfe und wieder auffange (und dabei das Phänomen der »Schwerkraft« bemerke, die den Stein in meine Hand zurückbringt) und auf diese Weise die Tatsache betrachte, dass »er existiert«, kann dies ein Tor zu einer tiefen Erfahrung des Geheimnisses des Seins sein. Oder man kann eine Blume anschauen, wie dies viele Dichter tun, und vielleicht dem Reich begegnen, von dem William Blake in einem Gedicht spricht.

Die Welt in einem Sandkorn erblicken
Und den Himmel in einer wilden Blume.
Die Unendlichkeit in deiner Handfläche halten
Und die Ewigkeit in einer Stunde.

Dieses dritte Gelübde erinnert uns auch daran, wie viele Dinge bei der Suche nach der Weisheit erlernt und gemeistert werden müssen. Die Grundlagen des Sitzens, die Anfangselemente sind nichts als ein Vorspiel auf dem Weg zu einem Schatzhaus des unermüdlichen Lernens. Und jeder Schritt in diesem Prozess leitet den nächsten ein, und ständig ist man voller Staunen, während man im Labyrinth voranschreitet und sich in Kreisen zum Zentrum hin bewegt.

In den Zen-Traditionen, die mit Koans arbeiten, werden diejenigen, die die erste Barriere überwunden und die Bestätigung erhalten haben, dass sie jene Welt der Leere in der Erfahrung eines »Durchbruchs« erblickt haben, erneut mit einem Koan nach dem anderen konfrontiert, als weiteren Toren, die es zu öffnen und zu durchschreiten gilt. Jedes Koan stellt einen strahlenden Aspekt eines facettenreichen und vielschichtigen Kristalls dar. Insgesamt ist dies ein unendlicher Kristall, mit unerschöpflich vielen leuchtenden Facetten, die es nacheinander wahrzunehmen gilt.

Wenn wir auch nur eine einzige Facette betrachten und sie zu durchdringen vermögen und sie uns damit aneignen, erhalten wir den Generalschlüssel, mit dem sich alle anderen öffnen lassen. Außerdem erkennen wir, dass jede Facette nichts anderes als unser ureigenes, ursprüngliches Gesicht widerspiegelt.

Sobald ein erstes Tor zu diesem Reich der grenzenlosen Tore zur Wahrheit aufgetan ist, gehen wir weiter, tiefer und tiefer, wobei wir uns dieser aus unendlich vielen Blickwinkeln nähern. Eine japanische Redensart lautet: »Es gibt immer etwas Höheres, etwas Tieferes« – eine Reise ins Unendliche, bei der aber jeder Schritt die Fülle der Unendlichkeit an sich darstellt.

Gregor von Nyssa, ein christlicher Kirchenvater und Philosoph des 4. Jahrhunderts, beschrieb treffend diese wunderbare Reise, auf der sich Tor um Tor auftut und immer mehr von dieser unergründlichen Wahrheit enthüllt, als er feststellte, dass unser letztendliches Schicksal, das heißt die Vereinigung mit der unendlichen Wahrheit, die Gott ist, ein Weg ist, auf dem wir »von Herrlichkeit zu Herrlichkeit« gelangen.

Der Weg der Erleuchtung ist unübertrefflich; ich gelobe, ihn zu verkörpern

Das Gelübde, den unvergleichlichen, unübertrefflichen Weg der Erleuchtung zu gehen, ist einfach das Gelübde, das ureigene wahre Selbst zu verwirklichen. Wir suchen nicht nach irgendetwas da draußen, jenseits unserer gegenwärtigen Reichweite. Wir sind nicht auf einer Reise zu irgendeinem weit entfernten Ort.

Nehmen wir uns einmal diese Passage aus T. S. Eliots Gedichtzyklus *Vier Quartette* vor:

> Werden wir nicht nachlassen in unserm Kundschaften
> Und das Ende unseres Kundschaftens
> Wird es sein, am Ausgangspunkt anzukommen
> Und den Ort zum ersten Mal zu erkennen.

Er ist direkt vor uns, *hier*, *jetzt*, aber um zu diesem Ort zu gelangen, müssen wir uns auf eine endlose und gefährliche Reise begeben. Sie ist endlos, weil es kein Halten gibt. Anzukommen heißt nicht, nicht mehr weiterzugehen, weil es stets größere Tiefen auszuloten gilt. Und sie ist gefährlich, weil es unterwegs so viele Hindernisse und Fußangeln gibt. Das trügerische Ich lauert hinter jeder Ecke und wartet nur darauf, uns überraschend zu fangen.

Aber der Hinweis von Zen-Meister Dogen aus der oben im Zusammenhang mit dem dritten Gelübde zitierten Passage ist auch hier wertvoll. Die Praxis des stillen Sitzens und nichts als das Sitzen zu erfahren, ist eine Praxis des Selbst-Vergessens. Ebenso ist auch die Praxis des Mu-Koan eine Praxis des Selbst-Vergessens. In der Zen-Praxis lernt man, sich in jedem Atemzug zu verlassen. Wer mit dem Mu-Koan praktiziert, lernt, sich zu verlassen und sich dem Mu und nur dem Mu zu ergeben. Was gibt es denn sonst noch? Es gibt nur eines: dass man sich im gegenwärtigen Augenblick verlässt, im gegenwärtigen Unterfangen. Sich selbst zu vergessen heißt einfach, sich auf diese Weise zu verlassen und sich allem, was man gerade tut, zu überlassen, wo auch immer man ist, in welcher Lage auch immer man sich befindet.

Der unübertreffliche Weg der Erleuchtung kann einen durch die dunkle Nacht der Seele führen. Dies ist ein Stadium auf der Reise zu Gott, wie sie vom heiligen Johannes vom Kreuz skizziert worden ist, auf der nichts weiter vor uns liegt als Dunkelheit und immer wieder Dunkelheit. Unsere Sitzpraxis während solcher Zeiten durchzuhalten, in denen wir nicht den geringsten spirituellen Trost verspüren, kann ein mühseliger, lästiger, schmerzlicher Prozess, eine qualvolle Erfahrung sein. Aber unsere Ausdauer wird schließlich Früchte tragen. Am Ende des Tunnels liegt ein kristallklares Schneeland, das in jedem Augenblick gleißt – das ganze Universum ist umfasst!

Dieser »erleuchtete Weg« bezeichnet nicht eine abstrakte Idee vom Universum, sondern das A und O unseres täglichen Lebens. Jeder Schritt, jedes Wort, jeder Blick, jedes Lächeln bei jeder zufälligen Begegnung, der Morgenkaffee, der Brief, der geschrieben werden muss, der Boden, der gekehrt werden muss, die Stimme der Kinder, die auf der Straße spielen.

Ein Koan aus dem *Wu-men-kuan* kann uns hier weiterhelfen. Es trägt die Überschrift »Der alltägliche Geist ist der Weg«.

Den Nan-ch'üan fragte einst Chao-chou: »Was ist der Weg?«
Nan-ch'üan sprach: »Der alltägliche Geist ist der Weg.«
Chao-chou sprach: »Muss man sich zu ihm hinwenden oder nicht?«
Nan-ch'üan sprach: »Wer sich eigens zu ihm hinwendet, wendet sich von ihm ab.«

Chao-chou sprach: »Wie kann man, wenn man sich nicht zu ihm hinwendet, wissen, ob es der Weg ist?«

Nan-ch'üan sprach: »Der Weg gehört nicht zu Wissen und Nichtwissen. Wissen ist Täuschung. Nichtwissen ist nichtig. Wenn einer wirklich den zweifelsfreien Weg erlangt, so ist er weit und offen wie die Große Leere. Wie kann man darüber disputieren?«

Bei diesen Worten erfuhr Chao-chou eine plötzliche Erleuchtung.

Und wenn wir in der christlichen Tradition das Leben der Heiligen betrachten und über die Ausschmückungen und Idealisierungen von Heiligengeschichten hinwegsehen, sind wir verblüfft, wie ganz gewöhnlich doch ihr Leben ist. Auch sie erwachten morgens, erleichterten sich, wuschen sich das Gesicht, frühstückten, gingen ihren täglichen Aufgaben nach, wurden müde, wurden hungrig, aßen zu Abend, gingen zu Bett. Menschlich, allzu menschlich. Und es fällt uns schwer zu glauben, was uns die Meister des spirituellen Lebens erklären, nämlich dass genau dies den Weg der Heiligen ausmache, die gleiche »Normalität«, aus der unser eigenes Leben besteht.

Wenn die Augen unseres Herzens für die liebende Gegenwart aufgetan werden, die alles und jedes im Universum umarmt, in die unser ganzes Sein von Augenblick zu Augenblick eingetaucht ist, kehren wir dorthin zurück, wo wir immer schon gewesen sind – nämlich zu Hause in dieser Normalität, einem unübertrefflichen Geheimnis –, und lernen es zum allerersten Mal kennen.

Wenn wir diese vier Gelübde rezitieren, erhaschen wir vielleicht auch einen Blick auf diesen unübertrefflichen Weg, während wir über das Bemühen und Nicht-Bemühen, das Wissen und das Nicht-Wissen hinausgehen und total im Akt des Rezitierens aufgehen.

Fühlende Wesen sind zahllos; ich gelobe, sie zu befreien.
Täuschungen sind unerschöpflich; ich gelobe, sie zu
beenden.
Tore zur Wahrheit sind zahllos; ich gelobe, sie zu öffnen.
Der Weg der Erleuchtung ist unübertrefflich; ich gelobe,
ihn zu verkörpern.

8 Guanyin mit den tausend Händen

WARUM BEFASSEN SICH SO VIELE SPIRITUELLE SUCHER und fromme religiöse Praktizierende nicht mit den Problemen der Gesellschaft, mit Fragen der Gerechtigkeit, mit der ökologischen Krise, vor der wir als eine globale Gemeinschaft stehen? Ja, warum bekunden so viele Menschen, und nicht nur die so genannten spirituellen Sucher, so wenig Interesse an Problemen der Gesellschaft und am Zustand unserer Erde?

Gerade dieses fehlende Interesse, könnte man zu behaupten wagen, verursacht ja die Myriaden von Problemen der Gesellschaft, all diese Ausbeutung, Unterdrückung und Ungerechtigkeit. Erst die Gleichgültigkeit gegenüber solchen Problemen ermöglicht es, dass die individuellen wie gemeinschaftlichen und kollektiven Kräfte der Gier, Unwissenheit und Ich-Verhaftetheit herrschen und sich so verheerend auf unseren Planeten auswirken. Zahllose Menschen verlieren täglich ihr Leben, viele andere leben weiterhin ausgebeutet und entmenschlicht, während viele andere nach wie vor ein Leben führen, das um ihr eigenes engstirniges kleines Selbst oder um ihre engstirnigen kleinen Interessen kreist – »meine Karriere« oder »mein Erfolg« oder »meine Familie«, oder vielleicht »meine Erleuchtung« oder »meine Erlösung« oder »meine religiöse Sendung«.

Solange die Erleuchtung oder Erlösung oder gar die religiöse Sendung auf die Grenzen des individuellen oder kollektiven Ego beschränkt bleibt, gibt es im eigenen Leben einen Spaltungsfaktor, der alle Probleme einfach nur verschlimmert.

Wenn man sich Zen hauptsächlich wegen »meines eigenen Seelenfriedens« oder wegen »meiner eigenen Erleuchtung« zuwendet und es nicht irgendwo auf dem Weg zu einer radikalen Revision dieser Einstellung kommt, wird die eigene Zen-Praxis an sich nichts weiter als eine glorifizierte Form des ums Ich kreisenden Handelns und damit etwas Trügerisches und Spaltendes sein.

Vor kurzem lernte ich einen kontemplativen christlichen Mönch kennen, der mir erzählte, bevor er ins Kloster eingetreten sei, sei er während der Sechzigerjahre in den USA ein aktivistischer Student gewesen und habe sich voll und ganz in der Friedensbewegung engagiert. Dann sei ihm klar geworden, dass er sich im Kreis bewegte, nicht weiterkam und sich verausgabte, und da beschloss er, ins Kloster zu gehen und sich einem kontemplativen Leben zu widmen. Er fügte hinzu, seiner Meinung nach trage er genau dadurch zum Frieden bei, dass er ein kontemplatives und gläubiges Leben führe und für Frieden und Gerechtigkeit bete.

Ich unterhielt mich darüber mit Bruder David Steindl-Rast, der selbst als Mönch dem Benediktinerorden angehört und auch ziemlich aktiv in der Friedensbewegung engagiert ist, an vorderster Front für Menschenrechte eintritt und gegen die Kernkraft protestiert. Ich fragte ihn, was er davon halte. Hier nun in aller Kürze das Ergebnis einer langen Unterhaltung mit Bruder David, der für mich eine Quelle der Inspiration und eine Verkörperung der Erleuchtung darstellt.

Bruder David also meinte, man könne durchaus an Friedensbewegungen, Menschenrechtsaktivitäten und so weiter teilnehmen, vielleicht sogar mit einem erheblichen sozialen

Engagement und einem Interesse am Wohlbefinden anderer, aber diese Teilnahme könne sich auch mit einer gewissen Selbstgerechtigkeit oder gar mit egozentrischen Motiven mischen, oder auch mit Zorn und Frustration angesichts der gesellschaftlichen Verhältnisse. In so einem Fall müsse man sich ständig von diesen Elementen läutern, damit die eigenen Handlungen und die Beziehungen zu anderen nicht zu Zerstörung und Spaltung führen. Ein aufgeschlossener und aufrichtiger sozialer Aktivist sei sich über diese Notwendigkeit der Läuterung im Klaren und könne und solle sich in diesem Zusammenhang der Kontemplation und dem Gebet zuwenden. Außerdem gehöre die Berufung zum kontemplativen Leben einer ehrwürdigen Tradition nicht nur im Christentum an, sondern auch im Buddhismus und praktisch in allen anderen großen Religionen, und der wahre Beitrag dieser heiligen Männer und Frauen, die ihr Leben dem Gebet und der Kontemplation widmen, lasse sich nicht messen und exakt quantifizieren.

Allerdings, so Bruder David, könnten wir auch an unserem Gebet und unserer Kontemplation hängen und damit möglicherweise nicht offen sein für das, was Gott in einer bestimmten Situation verlange. »Geh weg, störe mich nicht – ich befinde mich in der Kontemplation«, könnten wir zu Gott sagen, wenn Gott in Gestalt eines Menschen erscheint, der an unsere Tür klopft und um ein Glas Wasser oder um unsere Unterschrift für eine Petition bittet. Wir können also unser Gebet und unsere Kontemplation institutionalisieren und sie damit eine weitere Bindung werden lassen statt etwas, das befreit.

Die Früchte der echten Kontemplation wiederum können einen geradezu in die Lage versetzen, völlig frei von allen Ich-Bindungen zu sein, ein fähigeres und effektiveres Instrument des Friedens zu werden. Dies gelte besonders für Christen, die Angehörige verschiedener religiöser Orden sind, da sie frei von familiären Bindungen und finanziellen Interessen seien und etwas »agiler« als andere sein könnten.

Abschließend erklärte Bruder David, da er sich wegen einer Familie oder wegen seines Jobs oder seines Ansehens keine Sorgen machen müsse, sei er total frei, sich an die vorderste Front einer Friedensdemonstration oder eines Sit-ins gegen die Kernkraft zu begeben, ohne Angst davor zu haben, verhaftet zu werden: »Beten und mich in der Kontemplation versenken kann ich genauso gut im Gefängnis wie in einem Kloster, oder sogar noch besser.«

Auf einem internationalen Religionskongress in den USA nahm ich einmal an einer Vipashyana-Meditation teil, die von einem Mönch aus dem Theravada-Buddhismus abgehalten wurde. Thema der Meditation war die Erzeugung von Güte oder Freundlichkeit *(metta)* gegenüber allen Lebewesen. Nachdem es dem Mönch gelungen war, uns zu veranlassen, unsere Aufmerksamkeit unserer Atmung zuzuwenden, versuchte er, in uns ein Gefühl der Freundlichkeit zunächst gegenüber dem eigenen Körper zu wecken, Körperteil um Körperteil, vom Fuß bis zum Kopf, und dann gegenüber anderen Menschen, die uns in den Sinn kämen, und dann gegenüber einem immer größeren Kreis, der schließlich alle Lebewesen auf der ganzen Welt umfasste, und ihnen Glück und Wohlbefinden zu wünschen.

Der erste Teil der Meditation verlief ziemlich gut, und dann schlug unser Regisseur-Mönch vor, wir sollten uns auf irgendeinen Schmerz konzentrieren, den wir vielleicht hätten, etwa im Bein oder im Rücken – dieses Schmerzes sollten wir uns einfach nur *bewusst sein*, ohne damit irgendwelche Werturteile oder Wünsche zu verbinden wie »Ich will, dass dieser Schmerz verschwindet«. Nach einer Weile seien wir in der Lage, den Schmerz einfach als Schmerz zu akzeptieren, damit zu leben und ihn nicht mehr als *Leiden* zu betrachten, erklärte er. Mit anderen Worten: Wenn man mit der nackten und »neutralen« Tatsache des Schmerzes an sich nicht Vorstellungen wie »Schmerz ist unerwünscht« oder »Ich will Linderung« assoziiere, also keine Urteile, die bereits auf einer Ich-Bindung beruhen, dann höre der Schmerz auf, ein Leiden zu sein, und erweise sich als bloße Erfahrung.

Dann gab uns dieser Theravada-Mönch ein konkretes Beispiel dafür, wie die Meditation uns beruhigen, Seelenfrieden sowie Freundlichkeit und Mitgefühl gegenüber allen Lebewesen im Universum vermitteln könne. Allerdings überkam mich nach der Sitzung ein quälender Zweifel, und ich bedauerte, nicht die Gelegenheit gehabt zu haben, mit dem Mönch darüber zu sprechen. Die Frage, die mir nicht aus dem Sinn ging, lautete: Wenn eine derartige Meditation uns derart beruhigen und dazu bringen kann, die Dinge so zu akzeptieren, wie sie sind, ohne dass wir uns mit unseren egozentrischen Wünschen und Begierden einmischen, dann ist das ja schön und gut – aber stumpft es uns nicht auch ab gegenüber dem realen Leiden anderer Menschen, der Armen, der Hungernden, der Ausgebeuteten, der Opfer struktureller und konkreter Gewalt in dieser unserer Welt? Lassen wir sie nicht einfach fallen, indem wir bloß »freundliche Gefühle« und »Wünsche für das Wohlbefinden« der Leidenden übrig haben, aufgrund eines herbeigezauberten euphorischen Zustands der »kontemplativen Nachdenklichkeit«? Mit anderen Worten: Neigt diese Art von Praxis nicht gerade dazu, diese Leidenschaft für Gerechtigkeit, diese berechtigte Empörung über das Leiden von Mitgeschöpfen auszulöschen und damit wie kaltes Wasser zu werden, das auf das Feuer geschüttet wird, mit dem Jesus die ganze Welt entzünden wollte?

Und wie zur Bestätigung meines Misstrauens erfuhr ich später, dass der Mönch, der die oben geschilderte Meditationssitzung geleitet hatte, zwar wegen seiner unzweifelhaften Selbstdisziplin und wegen seines freundlichen und sanften

Umgangs mit den Menschen um ihn herum von vielen bewundert und geschätzt wurde; aber auf einem anderen Religionskongress wurde er gerade wegen seines mangelnden Interesses und Feingefühls im Hinblick auf bestimmte soziale Probleme kritisiert, um die sich natürlich jeder hätte kümmern müssen, der in der Gegend lebte, in der sich sein Tempel befand.

Zum Glück gelang es einem anderen Theravada-Mönch, den ich in Thailand kennen lernte, meine anfänglichen Bedenken hinsichtlich der Vipashyana-Meditationspraxis zu zerstreuen.

Ich begegnete diesem Mönch, als ich an einer Meditationssitzung teilnahm, die er für eine Gruppe von Studentenführern und Sozialarbeitern aus Bangkok abhielt. Er war noch keine vierzig und erzählte, dass er während der turbulenten frühen Siebzigerjahre des vorigen Jahrhunderts selbst ein Studentenführer in Bangkok gewesen war. Dann sei er an einen Punkt gelangt, an dem er sich ganz und gar den Menschen widmen wollte, wie es ihm am besten möglich war, und da habe er vor der Entscheidung gestanden, entweder in die Berge zu gehen und sich den kommunistischen Guerrillas anzuschließen oder ein buddhistischer Mönch zu werden. Er entschied sich für Letzteres und wurde Schüler des bekannten Mönchs Buddhadasa Bhikku, der im Süden von Thailand in halber Kontemplation lebt und jeden willkommen heißt, der mit ihm die Vipashyana-Meditation praktizieren möchte. Damals, als ich ihn kennen lernte, hatte er selbst bereits seit vielen Jahren praktiziert und konnte andere in der Meditation anleiten. Außerdem hatte er mehrere Bücher über Fragen der Meditation und des sozialen Engagements geschrieben.

»Einerseits hoffe ich«, erklärte er mir, »meine aktivistischen Freunde in den Slums von Bangkok und auf dem Land dazu zu bringen, Vipashyana zu praktizieren, andererseits möchte ich meine Mitmönche dazu bewegen, in die Slums und in die Dörfer zu gehen, um den Menschen dort zu begegnen und ihre Situation kennen zu lernen.« Und darum tut er genau das: Er leitet Vipashyana-Sitzungen speziell für Menschen, die sich für soziale Veränderungen engagieren, und bringt Mönche in die Slums und aufs verarmte Land, damit sie Menschen kennen lernen, die sich für soziale Aktionen interessieren und engagieren, so dass es zu einem anregenden Austausch kommen kann.

Dieser zweite Mönch unterstützt selbst ziemlich aktiv ein buddhistisch-christliches Entwicklungszentrum in Bangkok und erhofft sich zusammen mit den Mitarbeitern dieses Zentrums für die Thailänder eine Zukunft, die es ihnen ermöglicht, sich gegen die zerstörerischen Auswirkungen des westlichen Konsumdenkens zur Wehr zu setzen, indem sie zu ihren eigenen kulturellen und religiösen Wurzeln zurückkehren, zu den Grundwerten, die der Buddhismus aus Respekt vor dem Leben und vor der Natur verkörpert.

Diesen Mönch stumpft die Meditationspraxis keineswegs gegen das reale Leiden und den Schmerz anderer Menschen ab, sie verstärkt vielmehr sein Bewusstsein von dieser Wirklichkeit und verschafft ihm die innere Dynamik, sich weiterhin seinen vielfältigen Aufgaben zur Wiederherstellung der Gesellschaft zu widmen.

Was unterscheidet also eine meditative oder kontemplative Praxis, die bewirkt, dass Menschen sich in einem selbstzufriedenen und halb euphorischen Zustand nach innen zurückziehen, von einer Praxis, die sie einfühlsamer macht für die Wirklichkeit von Schmerz und Leiden in der Welt und für ihren Ort in ebendiesem Schmerz und Leiden und sie damit anspornt, sich intensiver auf die Dimension des Sozialen einzulassen?

Ich möchte diese Frage von einer Zen-Perspektive her beantworten:

Ich habe bereits die drei Früchte der Zen-Praxis erwähnt: 1. die Entwicklung der Konzentrationskraft, 2. das Erlangen der Selbsterkenntnis oder Erleuchtung und 3. die Konkretisierung oder Personalisierung dieser Erleuchtung in jedem Aspekt und in jeder Dimension des eigenen totalen Seins wie im Alltagsleben. Wenn man nun die erste Frucht nimmt und sein Zen auf die Entwicklung der Konzentrationskraft ausrichtet, kann man nach einiger Zeit tatsächlich feststellen, dass man die Dinge anders wahrnimmt. Aus dem konzentrierten Sitzen und Wahrnehmen ergibt es sich auf natürliche Weise, dass man eher ein Gefühl von Ganzheit im eigenen Leben und im Alltag bekommt und die kleinen Dinge schätzt, die um einen herum stattfinden, ja sogar sanfter und freundlicher gegenüber allen Lebewesen ist, die einem begegnen.

Aber ohne das Erlangen der zweiten Frucht bleibt man trotz all dieser »natürlichen Ergebnisse« des stillen Sitzens verunsichert im Hinblick auf die fundamentalen Fragen der Existenz, von Leben und Tod. *Wer bin ich? Welches ist letztlich mein Schicksal? Wie soll ich mich gegenüber meinem Nächsten, gegenüber der Welt verhalten?* Derartige Fragen bleiben unbeantwortet und lassen sich nicht durch Konzentration allein beantworten.

Erst die Erkenntnis des eigenen wahren Selbst, diese blitzhafte Einsicht in die eigene ursprüngliche Natur, befreit einen wahrhaft von jener grundlegenden Egozentrik und führt dazu, dass man die leere Natur aller Dinge und die Vernetztheit aller Dinge in ihrer Leere erkennt. Diese Erkenntnis macht Geist und Herz, das totale Sein wahrhaft ruhig, befreit einen von der Angst vor dem Tod und von der Bindung ans Leben. Und erst aufgrund dieser Erfahrung bin ich in der Lage, die wahre Grundlage meiner Beziehung zu meinem Nächsten, zur Gesellschaft, zur ganzen Welt zu erkennen.

Christlich gesprochen ist diese Erleuchtungserfahrung die

Erkenntnis, dass das eigene Sein in den ganzen Leib Christi »eingebettet« ist: »Das ist mein Leib, der für euch gegeben wird« (Lukas 22,19). Und damit »sind wir viele ein Leib in Christus, aber untereinander ist einer des anderen Glied« (Römer 12,5). Es ist nicht bloß eine »logische Folge«, dass ich einbezogen werde in das Leiden anderer, sondern eine *unvermeidliche innere Notwendigkeit* – es ist mein eigener Schmerz!

Dieses Einssein mit allen Lebewesen in ihrer »Freude und Hoffnung, Trauer und Angst . . ., besonders der Armen und Bedrängten aller Art« (*Gaudium et Spes*, Dokumente des Zweiten Vatikanischen Konzils) ist nicht bloß eine fromme Platitude, sondern stellt einen zentralen Aspekt der eigenen Seinsweise dar und durchdringt jeden Aspekt des eigenen täglichen Lebens.

Somit besteht die dritte Frucht des Zen in dem Prozess, diese Erkenntnis die gesamte eigene Existenz durchdringen zu lassen. Wie schon erwähnt, ist die Praxis des stillen Sitzens ebenso wie die Koan-Praxis auf dieses Durchdringen ausgerichtet.

Jede Koan-Praxis befasst sich mit einer konkreten und besonderen Facette der Existenz, die einen zu den Wurzeln der Erleuchtungserfahrung zurückbringt. Durch das Koan werden wir aufgefordert, unser Einssein mit einem Hund, einer Katze, einer Kuh oder den Sternen am Himmel, einem fließenden Bach, einem Berg *konkret* zu erfahren. Aber ich will hier aufhören, damit ich nicht zu viel von dem enthülle, was sich im Gesprächsraum beim Zen-Meister abspielt. Entscheidend ist, dass die Koan-Übung im Zen das innere Auge schärft, so dass wir mit jeder Situation, der wir begegnen, aufs Engste verbunden werden und auf diese Situation reagieren können, und zwar nicht aufgrund irgendeines Gedankens oder einer Ideologie oder einer Reihe von Normen, sondern aus einer direkten Wahrnehmung in der Quelle meines wahren Seins heraus, und dies auf eine Weise, die die Situation erfordert. Wie heißt es doch im Evangelium: »Denn ich bin hungrig gewesen, und ihr habt mir zu essen gegeben. Ich bin durstig gewesen, und ihr habt mir zu trinken gegeben. Ich bin ein Fremder gewesen, und ihr habt mich aufgenommen« (Matthäus 25,35).

Ein derartiges Reagieren auf jede Situation im täglichen Leben wird für uns im Bild von Guanyin mit den tausend Händen dargestellt. Guanyin, auf Japanisch Kannon oder Kanzeon genannt (wörtlich »Der die Schreie der Welt erhört«), ist der Bodhisattva schlechthin im Buddhismus, der in seinem erleuchteten Zustand die Leere aller Existenz wahrnimmt. Avalokiteshvara, wie Guanyin auf Sanskrit heißt, ist männlichen Geschlechts, aber dieser Bodhisattva entwickelte sich später in China zu einer androgynen und schließlich zu einer weiblichen Form und verkörpert den Aspekt des Mitgefühls, das natürlich aus der Weisheit der Erleuchtung fließt.

Die tausend Hände von Guanyin stehen für die Art und Weise, wie sie in zahllosen mitfühlenden Möglichkeiten, in allen möglichen Situationen in unserem Leben berührt und reagiert. Und wenn man genauer hinsieht, dann erkennt man, dass jede der tausend Hände eine spezielle Funktion ausüben soll, etwa die Angst beschwichtigen, das Böse ausrotten, Feinde der Gerechtigkeit bekämpfen, Dämonen austreiben, Fieber und alle möglichen Krankheiten heilen, das Dharma-Rad in Gang setzen, den inneren religiösen Trieb in den Lebewesen wecken, der sie die Vergänglichkeit der Existenz erkennen und die Weisheit der Erleuchtung suchen lässt, und vieles mehr.

Der Bodhisattva wird auch mit elf Gesichtern dargestellt, die auf die Fähigkeit verweisen, alles in allen Richtungen wahrzunehmen. Kurz, in welcher Situation von Leiden, Krankheit, Schwierigkeit oder Not sich Lebewesen auch immer befinden – der Bodhisattva »reicht eine Hand« auf eine Weise, die der Situation gerecht wird. »Ich war hungrig, und du gabst mir zu essen, durstig, und du gabst mir zu trinken, ein Fremder, und du hast mich aufgenommen.«

Guanyin wird von Anhängern verschiedener buddhistischer Traditionen als eine idealisierte Gestalt verehrt. In Gemeinschaften der Zen-Praxis ebenso, wenn wir die Figur von Guanyin auf eine erhöhte Plattform stellen, sie mit Blumen schmücken, ihr Weihrauch opfern und uns vor ihr verneigen. Aber eine wichtige Mahnung ergeht aus der Zen-Perspektive, wenn wir erfahren, dass Guanyin nicht »da draußen« auf der erhöhten Plattform ist, sondern dass jeder von uns Guanyin ist. Unsere Zen-Praxis ist unsere Möglichkeit, zu erkennen, wie wir Guanyin sein können, oder die Wirklichkeit von Guanyin in unserem eigenen Leben zu konkretisieren.

In der christlichen Tradition wird die Gestalt der Maria, der Mutter von Jesus und somit der Mutter Gottes, ebenfalls als ein Objekt der Andacht verehrt, und zwar in den verschiedenen Kulturen auf vielerlei Art und Weise. Ein häufig vorgetragenes Gebet ist das Ave Maria, das die Tugenden von Maria preist und ihre Fürbitte während des ganzen Lebens und besonders in der Stunde des Todes erfleht.

Maria ist für Christen die Verkörperung des Mitgefühls. Die ergreifende Szene, wie sie am Fuß des Kreuzes Jesu steht, in tiefem Kummer und den Schmerz ihres Sohnes ertragend, wird in vielen Kunstwerken beschworen, von Gemälden bis hin zu Gedichten. Auch die berühmte Skulptur der Pietà von Michelangelo stellt Maria in ihrem Kummer dar, wie sie den leblosen Leib von Jesus trägt. Kurz, Maria verkörpert das Mitgefühl, das mit allen Menschen in ihrem Kummer weint, indem sie den Schmerz der Welt mit ihrem Sohn Jesus trägt.

Das Zweite Vatikanische Konzil gab ein Dokument über Maria, die Mutter von Jesus, heraus, und während es traditionelle christliche theologische Lehren und Andachtspraktiken gegenüber Maria bestätigte, stellte es auch ein sehr bedeutsames Merkmal heraus. Maria sei nicht nur eine verehrungswürdige Gestalt, sondern müsse auch als Vorbild für alle Christen angesehen werden, da sie die Art von Leben verkörpere, das jeder, der sich als Anhänger Christi betrachte, zu führen aufgerufen sei. Mit anderen Worten: Während man die Gestalt der Maria verehrt, wird man gleichermaßen aufgefordert, Maria zu *sein*, in seinem Leben all das zu verkörpern, was Maria bedeutet.

Während die Gestalt der Maria all das verkörpert, was ein Christ sein soll, verkörpert Guanyin mit den tausend Händen die Seinsweise dessen, der die höchste Frucht im Zen erreicht hat. Dies ist eine Seinsweise, in der man sich einer totalen Leerung unterzogen hat und die zur totalen Befreiung führt, wodurch man sein ganzes Sein anderen widmet, wenn man ihnen in ihrer besonderen Situation begegnet. »Das ist mein Leib, der für euch gegeben wird.«

9 Die Zen-Erfahrung des Mysteriums der Dreifaltigkeit

WIR MÜSSEN VON ANFANG AN KLAR MACHEN, dass Zen als solches nichttheistisch ist, das heißt, es befasst sich überhaupt nicht mit der Vorstellung von Gott oder mit der Frage von Gottes Existenz oder Nichtexistenz. Vielmehr gilt sein zentrales Interesse, wie im Buddhismus generell, der Lösung des grundlegenden Problems der menschlichen Existenz, das in dieser Tradition als *duhkha* (Leidhaftigkeit) charakterisiert wird.

In diesem Kapitel wollen wir aufmerksam und sorgfältig auf das eingehen, was Zen im Hinblick auf das Verständnis unserer *menschlichen Existenz* anzubieten hat, und auf dieser Grundlage können wir dann ein wenig über die Implikationen eines solchen Verständnisses der menschlichen Existenz für diejenigen reflektieren, die sich mit dem Gottes-Wort, also der *Theo-logie* befassen wollen. Außerdem werde ich einiges von dem, was ich in den vorangegangenen Kapiteln über Zen gesagt habe, kurz zusammenfassen.

Zen: Das erwachte Leben

Zen definiert sich anhand von vier Aussagen, die von Bodhidharma stammen sollen, dem bärtigen Asketen mit den wilden Augen, wie er auf vielen Zen-Bildern dargestellt wird, der diese Art der meditativen Praxis im 6. Jahrhundert unserer Zeitrechnung von Indien nach China gebracht hat. Das Wesen des Zen wird in der folgenden Strophe dargestellt, die Bodhidharma zugeschrieben wird:

> Sie verlässt sich nicht auf Worte oder Buchstaben, (sie ist)
> Eine besondere Überlieferung außerhalb von heiligen
>   Schriften,
> Deutet unmittelbar auf des Menschen Herz,
> Zur Schau des eigenen Wesens, des Erwachens.

Somit wird hier wiederholt betont, dass Zen keine Lehre oder Philosophie ist, die sich verbal und begrifflich darstellen und erklären lässt, sondern vielmehr eine Praxis und Lebensweise, die auf die Erfahrung abzielt, »das eigene Wesen zu schauen« und damit »zu erwachen« – mit anderen Worten: ein Buddha oder »Erwachter« zu werden.

In dieser Lebensweise können wir drei »Augenblicke« ausmachen, die wir in den folgenden Abschnitten untersuchen werden.

Das Leeren des Ich-Bewusstseins

Der springende Punkt bei dieser Lebensweise ist die Praxis der Meditation im Sitzen, das Zazen. Zazen ist der Ort, an dem wir alles erfahren können, worum es im Zen geht, der Dreh- und Angelpunkt eines erwachten Lebens. Dabei sitzt man (entweder auf einem Kissen oder einem niedrigen Stuhl) mit geradem Rücken, untergeschlagenen Beinen und offenen Augen, und in dieser Haltung atmet man tief, aber gleichmäßig und lässt seinen Geist im Hier und Jetzt zur Ruhe kommen.

Es geht hier vor allem darum, uns vom Ich-Bewusstsein zu leeren, jene Denkweise abzulegen, die unser Sein in Subjekt und Objekt einteilt, in Seher und Gesehenes, Hörer und Gehörtes, Denker und Gedanke, das Selbst und die Anderen ebenso wie in die anderen Gegensätze, die wir in unserem Leben finden: Geburt und Tod, Freude und Schmerz, Gut und Böse, Hier und Dort, Jetzt und Damals. Mit anderen Worten: Im Zazen lässt sich der Praktizierende auf einen Prozess ein, der im totalen Selbst-Leeren seinen Höhepunkt erreicht. Je erfahrener man in seiner Praxis wird, desto mehr werden die Gegensätze überwunden, und schließlich gelangt man zu einem Zustand des reinen Bewusstseins *(samadhi)*. Ein solcher Bewusstseinszustand wird auch »Nichtdenken« genannt.

Allerdings darf dieser Zustand nicht mit Geistesabwesenheit, absoluter Passivität oder Bewusstlosigkeit verwechselt werden. Im Gegenteil: Er verlangt ein totales Aufgehen im Sitzen. Treffend drückt es die folgende Passage aus den Schriften von Dogen aus, einem japanischen Zen-Meister des 13. Jahrhunderts:

> Als der große Meister Hung-tao aus Yueh-shan im Sitzen meditierte, fragte ein Mönch ihn: »Woran denkst du, während du so starr dasitzt?«
> Der Meister erwiderte: »Ich denke ans Nichtdenken.«
> Der Mönch fragte: »Wie denkst du ans Nichtdenken?«
> Der Meister erwiderte: »Nichtdenkend.«

Wir wollen hier nicht auf die Einzelheiten der seit langem anhaltenden Debatte über das Thema »Nichtdenken« eingehen und einfach festhalten, dass es weder Introspektion ist, bei der sich das Subjekt nach innen wendet, aber noch immer so, dass es an mentale Objekte denkt, noch das Ende der geistigen Fähigkeiten. Was dies bedeutet, wird einfühlsam dargestellt in einem von John Daido Loori herausgegebenen Buch, *The Art of Just Sitting. Essential Writings on the Zen Practice of Shikantaza*. In diesem Bewusstseinszustand überwindet man das normale Subjekt-Objekt-Denken und gelangt zu einem Bewusstsein des reinen Seins.

Die Rückkehr in die konkrete Welt

Dieses Bewusstsein des reinen Seins ist nicht etwas, das sich in einem Vakuum entwickelt, sondern dies geschieht unter den ganz konkreten historischen Bedingungen der eigenen Zazen-Praxis. Dies ist keine »körperlose« Erfahrung, sondern vielmehr ein ganz und gar körperlicher Vorgang, der in der spezifischen historischen Wirklichkeit des eigenen Seins verwurzelt ist. Und dennoch lösen sich gerade an diesem Ort, gerade in diesem Augenblick alle Grenzen von Raum und Zeit auf, da hier kein »Subjekt« einem gegebenen objektiven Ort gegenübersteht oder -sitzt und ein gegebenes Subjekt keine Zeit davor oder danach messen oder festhalten kann.

Mit dem Leeren des Ich-Bewusstseins wird auch das »Objekt« geleert, dessen man sich normalerweise bewusst ist, und damit ist nichts mehr »da draußen« zu sehen oder zu hören, zu riechen, zu schmecken oder zu berühren. Nunmehr ist absolut »nichts da draußen« und »nichts hier drinnen«, das nach draußen schaut und etwas erkennt.

Diese Erfahrung des Leerens des eigenen Ich-Bewusstseins öffnet uns für eine völlig *neue Dimension*, der keine verbale Beschreibung gerecht werden kann. Doch findet dies, wie gesagt, nicht in einem Vakuum oder in einem außerirdischen Reich statt, sondern genau hier und jetzt. Damit ist dies eine Erfahrung, die in einem zweiten »Augenblick« zum Ausgangspunkt zurückkehrt und mit einer Wiedergewinnung unserer verkörperten Seinsweise verbunden ist.

Betrachten wir dieses Koan:

Chao-chou fragte Nanchuan ernsthaft: »Was ist der Weg?«
Nanchuan erwiderte: »Der gewöhnliche Geist ist der Weg.«

Mein Zen-Lehrer Koun Yamada sagt über dieses Koan: »Das ist nichts anderes als unser normales Alltagsleben. Dass wir aufstehen, uns das Gesicht waschen, frühstücken, zur Arbeit gehen, laufen, rennen, lachen, weinen. Die Blätter an den Bäumen, die Blumen auf dem Feld, weiß, rot oder violett. Das ist Geburt, das ist Tod. Das ist der Weg.«

Aber es gibt doch einen Unterschied: Das ist nicht mehr das Aufstehen, das Waschen des Gesichts und so fort, und zwar auf die Art und Weise, wie wir diese gewöhnlichen Handlungen unter der Kontrolle unseres Ich-Bewusstseins verrichten. Die Blätter an den Bäumen, die Blumen auf dem Feld sind nicht mehr »da draußen« als Objekte unseres Bewusstseins. Vielmehr werden all diese Dinge die vollkommenen Ausdrucksformen jenes reinen Bewusstseins des Seins, entleert von allem Ich-Bewusstsein, während sie zugleich in die konkrete historische Wirklichkeit eingebettet sind.

Kurz: Objekte sind ihrer Objektivität entledigt, entleert vom Akt der Wahrnehmung, und werden ebenso als die konkreten Manifestationen der reinen Tatsache an sich erfahren, nicht objektiviert, unberührt, unvergleichlich, genau so, wie sie sind.

Die Zen-Erleuchtung ist somit mit einem »Augenblick« des Leerens des Ich-Bewusstseins und mit einem »Augenblick« der Rückkehr zur konkreten historischen Wirklichkeit verbunden. Dies sind jedoch keine separaten Ereignisse, die einander in einer linearen Zeit folgen, sondern sie können gleichzeitig und zeitlos sein, auch wenn sie sich unterscheiden lassen.

Es gibt einen dritten »Augenblick«, der die menschliche Existenz aus der Sicht der Zen-Erleuchtungserfahrung charakterisiert. Dies ist ein Aspekt, den wir vorläufig nur als ein Eintauchen ins Meer des Mitgefühls bezeichnen können.

Das Meer des Mitgefühls

Unter den diversen Koans unserer Sanbo-Kyodan-Tradition, die einem Praktizierenden aufgegeben werden, der eine Erfahrung des Leerens und der Rückkehr zur verkörperten Form gemacht hat, wie sie oben dargestellt wurde, befindet sich eines, das folgendermaßen lautet:

In der See von Ise, in zehntausend Fuß Tiefe, liegt ein Stein.
Ich möchte diesen Stein heraufholen, ohne mir die Hände nass zu machen.

Dieses Koan lässt sich nur lösen, wenn man wahrhaft vom Ich geleert und bereit ist, in seinem ganzen Sein in die Tiefen jener See von Ise einzutauchen, wo dieser kostbare Stein liegt. Jemand, der diese Bereitschaft zu zeigen vermag und dadurch in der Lage ist, ins Meer einzutauchen und diesen Stein herauszuholen, »ohne sich die Hände nass zu machen«, erfährt dann von zwei wunderbaren Eigenschaften dieses Steins, die eigentlich Merkmale unseres eigenen wahren Selbst sind: Erstens kann er niemals nass werden. Zweitens kann er niemals trocken werden. Was für ein Wunder! Was für ein Geheimnis! Die erste Eigenschaft, nämlich niemals nass zu werden, bezeichnet jene Dimension, die wir »Empfindungslosigkeit« nennen können – die Unerreichbarkeit für jeden äußeren Einfluss, für Leiden oder Schmerz. Wie ist dies möglich? Es ist die totale Leere! Nichts wird nass, nichts ist draußen, durch das es nass wird. Wenn wir diesen Aspekt des eigenen wahren Selbst erkennen, haben wir den Schlüssel zur totalen Befreiung vom Leiden. In der christlichen Tradition ist die Lehre von Gottes Empfindungslosigkeit ein grundlegendes Merkmal des Verständnisses der Vorstellung von Gott: Gott wird als der Eine begriffen, der jenseits allen Leidens und allen Schmerzes ist, unbeeinflusst von allem, das nicht Gott ist.

Die zweite Eigenschaft, die ein direkter Gegensatz zur ersten zu sein scheint, bezeichnet jene Dimension des Mit-Leidens. Dieser wunderbare Stein kann niemals trocken werden, da er immer von Tränen des Mitgefühls überfließt, solange es fühlende Wesen gibt, die leiden und mit Gier, Zorn und Unwissen kämpfen, den drei Giften, die uns im Leiden verharren lassen.

Das erwachte Leben wird somit nach diesem Verständnis in einem dritten »Augenblick« verwirklicht: Nachdem die Barriere, die das Selbst und die Anderen trennt, durchbrochen ist, erwacht man eingetaucht in ein grundloses Meer des Mit-Leidens, wobei man mit jedem einzelnen Atemzug eins ist mit allen fühlenden Wesen in dieser ganzen gemeinschaftlichen Schar fühlender Wesen. Dieses Meer des Mitgefühls ist die Matrix, die die Erwachten nährt und sie dazu befähigt, sich für konkrete Aufgaben in der historischen Welt zu engagieren.

Ein Mysterium der Dreifaltigkeit

Die Lebensweise und die Praxis des Zen beziehen sich überhaupt nicht auf eine explizite Weise auf die Vorstellung von Gott, und es ist auch nicht nötig, dass diese Vorstellung innerhalb der Zen-Tradition artikuliert wird. Damit lautet unsere Frage: Was können wir von der Lebensweise und der Praxis des Zen lernen, das Licht auf ein mögliches Verständnis der christlichen Existenz wirft, in der die Vorstellung von Gott ja von so zentraler Bedeutung ist?

Das unbekannte und unerkennbare Geheimnis

Der erste Augenblick in der Zen-Praxis ist der Eintritt in ein Reich, das vom Ich als einem begreifenden Subjekt geleert ist. Dieses Reich wird als ein Zustand der *totalen Blindheit* (aus subjektiver Sicht) ebenso wie als ein Zustand der *totalen Dunkelheit* (aus objektiver Sicht) bezeichnet. Es ist also ein Eintritt in ein Reich, das letztlich unbekannt und unerkennbar ist (das heißt, insofern »Erkenntnis« ein Begreifen irgendeiner objektiven Wirklichkeit durch ein bewusstes Subjekt voraussetzt). Wenn Theologie, das Reden über Gott, in diesem Zusammenhang sinnvoll sein soll, dann durch die Bestätigung, dass Gott letztlich unbekannt und unerkennbar, unobjektivierbar, unvorstellbar ist und dass ihm keine verbale Beschreibung oder intellektuelle Formulierung jemals nahe kommen kann. Es ist ein unauslotbares Reich, das, wie es die verstorbene spirituelle Autorin Thelma Hall formuliert hat, »zu tief für Worte« ist – ein Reich, das nach Augustinus »mir vertrauter ist, als ich es mir selbst bin«.

Erleuchtet als eine neue Schöpfung

Aber wenn man nur in dem Reich dieses ersten »Augenblicks« verweilt, dann ist man für immer im Unbekannten verloren, außerstande, zu erkennen oder zu sprechen oder sich auch nur zu bewegen. Dies ist der zweite »Augenblick«, der die Verwirklichung, das »Wirklich-Machen« der Zen-Erfahrung in der konkreten Welt menschlichen Geschehens erst ermöglicht. Hier kehrt man an den Ausgangspunkt zurück, zur Konkretheit seines verkörperten Seins im Hier und Jetzt. Mit anderen Worten: Das Reich der Leere nimmt eine konkrete *Form* an, sei es eine Farbe, etwa ein brauner Fleck an der Wand, sei es ein Geräusch wie das Niesen von jemandem in der Nähe, oder der Schmerz in den Beinen. In diesem zweiten »Augenblick« kommt die göttliche Dunkelheit ans Licht und manifestiert sich im gewöhnlichen Geist. Aber es gibt doch einen Unterschied: Man erfährt jedes Ereignis, jeden Aspekt des eigenen gewöhnlichen Lebens aus seinem Dreh- und Angelpunkt in der Leere, das heißt als von der göttlichen Dunkelheit *erleuchtet*.

Auf diesen Unterschied verweist auch der oben zitierte Ausruf von Paulus (in Galater 2,20): »Ich lebe, doch nun nicht ich, sondern Christus lebt in mir.« Im paulinischen Denken, das ins Geheimnis von Christi Tod und Wiederauferstehung getaucht ist, lebt man, nachdem man zum eigenen Selbst gestorben ist, in der Neuheit des Lebens, in allem, was man ist und tut. Entleert vom Ich, angekommen in jenem Reich, das jenseits aller Erkenntnis ist, wird man von der vollkommenen Fülle Gottes erfüllt. Unser Schicksal besteht letztlich einfach darin, »die Liebe Christi (zu) erkennen, die alle Erkenntnis übertrifft, damit ihr erfüllt werdet mit der ganzen Gottesfülle« (Epheser 3,19). Alles, jeder Augenblick, wird als eine neue Schöpfung erfahren, und auf diese Weise erfahren wir die Fülle dieses Geheimnisses.

Solidarität im Leiden

Dann erwacht man in den Tiefen des Meeres des Mit-Leidens, des gemeinsamen Leidens, indem man sich mit dem Leiden aller fühlenden Wesen identifiziert. Christlich gesprochen bedeutet die Neuheit des Lebens »in Christus« zu leben, auch als Mitleidender mit all denen zu leben, die von Christus am Kreuz umarmt werden. Somit schwimmt man mit jedem Atemzug, während man von der Neuheit des Lebens in Christus erfüllt ist, im Meer des Mit-Leidens.

Man wird bestätigt in dieser Solidarität mit denen, die die Wunden der Welt tragen, im und durch den ureigenen Atem, der uns dazu befähigt, mit dem Schmerz all derer, die leiden, eins zu sein. Dies ist eine Dynamik (ein Wort, das von dem griechischen Wort für »Kraft« abgeleitet ist), die uns auch in die Richtung bewegt, alle Wunden zu heilen und alles, was getrennt ist, wieder zu vereinen. Diese Kraft des Mit-Leidens bringt einen Menschen dazu, sich auf konkrete Weise für die Linderung des Leidens der Welt zu engagieren. Sie leitet uns zu konkreten Entscheidungen an, so dass wir die wirklich wichtigen und schwierigen Aufgaben in unserer konkreten Situation übernehmen.

Der innere Kreis des Geheimnisses

Alle Elemente des vom Zen erweckten Lebens öffnen uns die Augen für ein »Geheimnis der Dreifaltigkeit«, das im Zentrum unserer menschlichen Existenz liegt. Dieses Geheimnis besteht erstens aus dem Unbekannten und nicht zu Erkennenden, das auch die unauslotbare Quelle von allem ist – »Niemand hat Gott je gesehen . . .« (Johannes 1,18; 6,46) –; zweitens aus dem Einen, in dem alle Dinge zum Sein gelangen, sich voll und ganz manifestieren und in der historischen Wirklichkeit verkörpert werden – »Und das Wort ward Fleisch und wohnte unter uns« (Johannes 1,14) –, das ewige Wort, in dem und durch das all die Myriaden von Dingen des Universums gemacht wurden, und »ohne dasselbe ist nichts gemacht, was gemacht ist« (Johannes 1,3); und drittens aus dem Meer des Mitgefühls, in das wir im Herzen unseres Seins eingetaucht sind, gleichbedeutend auch mit dem lebendigen Atem, der die ganze Schöpfung erhält und vereint und ihr Leben schenkt und sie damit erfüllt (»Und die Erde war wüst und leer . . ., und der Geist Gottes schwebte auf dem Wasser«, 1. Mose 1,2) – »Der Geist ist's, der lebendig macht« (Johannes 6,63). Dies ist ein und dasselbe dreifaltige Geheimnis, das ebenso der Grund wie die Erfüllung der menschlichen Existenz ist.

Man erwacht einfach zum eigenen wahren Selbst, das bereits im Herzen dieses Geheimnisses eingebettet ist: das Unbekannte, das Manifeste und das Meer des Mit-Leidens. Man erwacht und sitzt bereits im inneren Kreis seines dynamischen Lebens, von Atemzug zu Atemzug.

In seinem Traktat *De trinitate* bemerkt Augustinus:

> Die Liebe nun ist die Liebe eines Liebenden, und durch die Liebe wird etwas geliebt. Siehe, da sind drei: der Liebende und das Geliebte und die Liebe.

Im Licht der obigen Beschreibung der drei »Augenblicke« der Zen-Erfahrung dürfen wir es wagen, einen Zusammenhang herzustellen. Die unbekannte Quelle ist das Eine, das liebt, das Eine, das als Abba, Vater und Mutter aller angesprochen wird. Das Manifeste ist das, was geliebt wird, das ewige Bild jener Quelle, das auch das Erstgeborene aller Schöpfung ist und auf das sich das Sein all der Myriaden von Dingen des Universums gründet. Und dieses Meer des Mit-Leidens ist die Liebe an sich, der Atem Gottes, der das ganze Universum zusammenbringt und mit Leben erfüllt.

Zu seiner wahren Natur zu erwachen heißt zu erkennen, dass man im dynamischen Kreis der Liebe umarmt ist. Es heißt zu erkennen, dass das eigene wahre Selbst am Busen dieses dreifaltigen Geheimnisses der Liebe ruht, in jedem Atemzug, jedem Schritt, jedem Augenblick des eigenen Lebens.

10 Zen und christliche Spiritualität

Einstimmung auf den Atem

HALTUNG, ATMUNG UND DEN GEIST zum Schweigen bringen – das sind die drei Elemente des Zazen, der Sitzpraxis des Zen. Erstens nimmt man eine Körperhaltung ein, die für eine lang anhaltende Stille günstig ist, vorzugsweise den Lotossitz, aber vor allem hält man den Rücken so aufrecht und gerade wie möglich, während die natürliche Wölbung im unteren Rücken erhalten bleibt. Zweitens reguliert man die Atmung, indem man seine Aufmerksamkeit jedem Ein- und Ausatmen widmet. Und drittens bringt man den Geist zum Schweigen, indem man nicht bei irgendeinem besonderen Gedanken oder einer Empfindung verweilt, sondern ganz gegenwärtig ist, während man sitzt, und seine Aufmerksamkeit jedem Atemzug widmet.

In der christlichen Tradition geht der Begriff Spiritualität auf das lateinische Wort *spiritus* zurück, das wiederum mit dem griechischen *pneuma* und dem hebräischen *ruah* gleichzusetzen ist – beides bedeutet so viel wie »der Atem Gottes«. Im Alten Testament spielt der Atem Gottes eine Schlüsselrolle bei allen wesentlichen Ereignissen der Erlösungsgeschichte, angefangen beim Schöpfungsakt selbst, wie er im ersten Buch Mose, der Genesis, dargestellt wird. Der Atem Gottes ist die ganz und gar dynamische Gegenwart Gottes, eine Gegenwart, die allem Leben schenkt und das Antlitz der Erde erneuert.

Auch das Leben von Jesus ist von dieser dynamischen Gegenwart, dem Atem Gottes, durchdrungen, und zwar vom Zeitpunkt seiner Empfängnis im Schoß der Gesegneten Mutter – »Der Heilige Geist wird über dich kommen, und die Kraft des Höchsten wird dich überschatten« (Lukas 1,35) – bis zur Vollendung seines Lebens am Kreuz, als er den Atem dem Vater zurückgab – »Vater, ich befehle meinen Geist in deine Hände!« (Lukas 23,46).

Das Grundthema von Jesu Leben wird in dem Zitat aus Jesaja zusammengefasst, das er in der Synagoge seiner Heimatstadt Nazareth vorträgt:

Der Geist des Herrn ist auf mir, weil er mich gesalbt hat, zu verkündigen das Evangelium den Armen; er hat mich gesandt, zu predigen den Gefangenen, dass sie frei sein sollen, und den Blinden, dass sie sehen sollen, und den Zerschlagenen, dass sie frei und ledig sein sollen, zu verkündigen das Gnadenjahr des Herrn.
(Lukas 4,18–19)

Der Schlüssel zum Verständnis des Lebens Jesu besteht in der Erkenntnis, dass er vom Atem Gottes erfüllt ist. Seine ganze Existenz ist von ihm belebt, geleitet, in-spiriert und erfüllt sich in ihm. In dieser Identität wurde Jesus bestätigt, als er die Stimme vernahm, während er im Jordan getauft wurde: »Du bist mein lieber Sohn, an dir habe ich Wohlgefallen« (Markus 1,11).

Für Christen ist Spiritualität nichts anderes als ein Leben im Einklang mit dem Geist, dem Atem Gottes, in dem man sein ganzes Sein in seiner dynamischen Gegenwart aufgehen und von dem man sich leiten lässt, die Zeichen der Zeit zu lesen und auf jede Situation zu reagieren. Indem man sich dem Atem Gottes anvertraut, ist man auch in Augenblicken der Gnade imstande, jenes Wort der Bestätigung zu vernehmen: Du bist mein lieber Sohn, an dir habe ich Wohlgefallen.

Im Zen seine Aufmerksamkeit dem eigenen Atem zu widmen ist, analog hierzu, nicht bloß eine körperliche Übung, mittels derer man sich auf einen Punkt konzentriert, sondern damit überantwortet man ganz und gar sein gesamtes Sein dem Atem Gottes, hier und jetzt. Man lässt den Atem Gottes von seinem ganzen Selbst Besitz ergreifen, um von ihm belebt, geleitet, inspiriert zu werden und in ihm erfüllt zu sein.

Und während man sich dem Geist, dem Atem Gottes unterordnet, opfert man sein ganzes Sein dieser göttlichen und dynamischen Befreiungsaktion in der Geschichte: das Evangelium den Armen zu verkündigen und Freiheit den Gefangenen und Unterdrückten zu predigen.

Aber hier muss man die konkrete Frage stellen: *Wer sind die Armen, die Gefangenen, die Unterdrückten?* Die Antwort kann nur aus einer Deutung der konkreten Situation der heutigen Welt erfolgen – mit anderen Worten: indem man sich tatsächlich den Situationen von Armut, Unterdrückung, Ausbeutung und ökologischer Zerstörung aussetzt, in denen sich heutzutage viele Lebewesen befinden. Wenn wir uns an die Seite der Opfer der strukturellen und konkreten Gewalt stellen, die in der heutigen Welt ausgeübt wird, gelingt es uns, diese Frage zu beantworten. Und nur wenn wir imstande sind, ganz konkret die Armen, die Gefangenen, die Unterdrückten, die Ausgegrenzten zu erkennen, vermögen wir die nächsten Fragen zu stellen: Worin besteht das Wesen des Evangeliums, das den Armen gepredigt werden soll? Die Befreiung, die den Gefangenen verkündet werden soll? Die Freiheit, die für die Unterdrückten verwirklicht werden soll?

Im Umgang mit diesen Fragen darf man nicht auf einer Ebene der Naivität verharren, indem man einfach oberflächlich auf jede sich einstellende Situation reagiert und jeden Schmerz mit einem bloß äußerlichen Heilmittel behandelt.

Vielmehr verlangt eine totale Heilung eine Untersuchung der Ursachen der Krankheit sowie Maßnahmen, die es dem ganzen Organismus ermöglichen, auf den Weg zur Genesung zu gelangen. Wir brauchen raffinierte Methoden der sozioökonomischen Analyse ebenso wie eine gründliche ökologische Einschätzung unserer gegenwärtigen Weltlage, und zwar aus den unterschiedlichsten Perspektiven. Auf dieser Basis können wir dann Projekte und Programme in Angriff nehmen, die auf die Bedürfnisse reagieren, welche durch diese sozioökonomische Analyse und ökologische Einschätzung zutage getreten sind.

Entscheidend aber ist: Welche Maßnahmen auch immer sich im Licht einer solchen Analyse und Einschätzung als erstrebenswert erweisen, mit denen auf die gegebenen Situationen reagiert werden soll – sie sind einfach nur die eigene Reaktion auf den Ruf des Atems, dem man seine ganze Existenz anvertraut hat.

Somit sind die konkreten Schritte, die getan werden müssen, wenn man sein Sein dem befreienden göttlichen Handeln in der Geschichte überantwortet, ganz natürliche Bewegungen, die darauf basieren, dass man sich im Einklang mit dem Atem befindet, ihn total von sich Besitz ergreifen lässt – hier und jetzt, mit jedem Ein- und Ausatmen, indem man auf die konkreten Anforderungen, die sich aus der jeweiligen Situation ergeben, reagiert.

Ein erwachter Mensch, der sich nunmehr seines totalen Nicht-Seins bewusst ist und doch gleichzeitig aus diesem Nicht-Sein zur Fülle des Seins von der unendlichen Quelle des Lebens berufen wird, kann vielleicht seine ganze Existenz in zwei kurzen Aussagen zusammenfassen: »Du bist mein lieber Sohn, an dir habe ich Wohlgefallen« (Markus 1,11). In dieser bestätigenden Liebe verankert, ruft man dann aus: »Der Geist des Herrn ist auf mir« (Lukas 4,18).

Anhang

*Gespräche mit Koun Yamada Roshi
und Pater Hugo Enomiya-Lassalle*

Vorbemerkung

Koun Yamada Roshi (1907–1989) war ein japanischer Zen-Meister im San-un-Zendo, der Zen-Halle der Drei Wolken in Kamakura. Seit Ende der Sechzigerjahre des vorigen Jahrhunderts, nachdem Yamada Roshi die Führung in der Zen-Tradition des Sanbo-Kyodan von Yasutani Hakuun Roshi (1885–1973) übernommen hatte, begannen viele Christen – katholische Laien, Priester, Nonnen, Seminaristen ebenso wie protestantische Geistliche und Laien –, Zen bei ihm zu praktizieren und sich damit den zahlreichen buddhistischen Praktizierenden anzuschließen, die sich bereits seiner Führung anvertraut hatten. Viele dieser Menschen leiten inzwischen in den USA, in Europa und Asien andere Schüler in der Zen-Praxis an. Sein Kommentar zur berühmten Koan-Sammlung des *Wu-men-kuan* erschien auf Englisch unter dem Titel *The Gateless Gate*.

Pater Hugo Enomiya-Lassalle, S.J. (1898–1990), war ein in Deutschland geborener Jesuitenpriester, der seit 1929 in Japan gelebt hatte. Er begann mit der Praxis der Zen-Meditation, »um mehr über die japanische Kultur zu lernen«, wie er erklärte, und schrieb viele Bücher über seine Erfahrungen. Nachdem er von mehreren Zen-Meistern unterrichtet worden war, kam er Anfang der Siebzigerjahre in Kontakt mit Koun Yamada Roshi, unter dessen Anleitung er sein Koan-Training abschloss und von dem er selbst zum Zen-Lehrer gemacht wurde. Pater Lassalles Pioniertätigkeit in der Leitung von Zen-Klausuren in Europa verdanken viele westliche Christen die Möglichkeit, ihr spirituelles Leben in der Praxis des Zen zu vertiefen.

Ich genoss das Privileg, von diesen beiden spirituellen Giganten Anleitung zu empfangen; ihr Einfluss wird noch lange nachwirken.

Das im Folgenden wiedergegebene Gespräch fand Ende der Achtzigerjahre in Japan statt, kurz bevor diese beiden großen Lehrer starben. Ende der Sechzigerjahre und Anfang der Siebzigerjahre begann sich eine zunehmende Zahl christlicher Geistlicher wie Laien als Zen-Schüler von Koun Yamada Roshi in Kamakura zu versammeln. Damals geschah es in der Tat nicht oft, dass an einer Zen-Meditationsklausur, dem Sesshin, unter der Leitung eines echten buddhistischen Zen-Meisters sowohl Buddhisten als auch Christen teilnahmen. Bei Tagesanbruch, während die Buddhisten ihre Sutras rezitierten, versammelten sich die Christen in einem anderen Raum der Zen-Halle, um das Abendmahl zu feiern. Abgesehen von diesem speziellen Zeitraum, traten die beiden Gruppen bei sämtlichen Aktivitäten gemeinsam auf – eine wahre Teilhabe am Leben aller. Ich studierte damals noch am jesuitischen Seminar, und Pater Lassalle hielt als einziger Priester das Abendmahl ab.

Ein solcher »Dialog des Lebens« wurde durch die wunderbare Weitsicht von Yamada Roshi ermöglicht, und darin überschreiten nun Buddhisten und Christen die Grenzen ihrer Religionen und lassen sich gemeinsam auf das Leben des Zen ein. Dies ist ein Beleg für ein neues Bewusstsein, begründet in ihrer Zen-Erfahrung.

Ruben Habito: Worauf achten Sie besonders, wenn Sie Christen in der Zen-Praxis anleiten?

Yamada Roshi: Eine der allerersten Fragen, die mir viele Christen stellen, lautet natürlich, ob sie gläubige Christen bleiben können, wenn sie Zen praktizieren – und immer antworte ich ihnen, dass sie sich deswegen keine Sorgen machen müssen. Zen ist keine Religion im Sinne eines Systems von Glaubensvorstellungen, Begriffen und Praktiken, das ausschließlich Treue verlangt, und sie müssen es sich auch nicht als solches vorstellen. Zen ist etwas anderes, und darum kann ich Christen sagen, sie müssten nicht ihr Christentum ablegen, wenn sie zum Zen kommen. Was Zen ist und wie es sich vom Christentum unterscheidet, so wie ich es verstehe, davon will ich jetzt noch nicht sprechen.

RH: Pater Lassalle, ich weiß, dass Sie bereits seit sehr vielen Jahren in Japan sind und bei der Errichtung der japanischen Mission der Societas Jesu schon vor dem Ausbruch des Zweiten Weltkriegs eine wichtige Rolle gespielt haben. In diesem Zusammenhang gingen Sie zu einigen buddhistischen Lehrern, um sich im Zen unterweisen zu lassen. Was veranlasste Sie, Zen zu praktizieren?

Pater Lassalle: Als ich noch als junger Jesuit für das Priesteramt in Deutschland studierte, meldete ich mich freiwillig für die Missionstätigkeit. Ich war beeindruckt von der Herausforderung, die sie in Afrika darstellte, insbesondere davon, dass die Menschen dort in unglaublicher Armut lebten, dass es noch Sklaven gab, und so fort, und dann las ich ein Buch mit dem Titel *From Cape Town to Zambesi*, das von einigen Jesuiten handelte, die mit einem Ochsenkarren unterwegs waren. Ich befand mich in meinem zweiten Noviziatsjahr, und als ich mich schriftlich um die Missionstätigkeit in Afrika bewarb, wurde Deutschland gerade mit der japanischen Mission betraut. Daher bekam ich ein Antwortschreiben direkt vom Ordensgeneral, in dem es hieß, es sei nicht der Wille Gottes, dass ich nach Afrika ginge – und man danke mir, dass ich mich für Japan bewerbe! So geschah es also, dass ich nach Japan geschickt wurde.

RH: Was für eine interessante Wendung der Vorsehung!

Pater Lassalle: Das ist die Geschichte meines Briefwechsels mit dem Ordensgeneral! Und ich sagte mir, wenn ich schon nach Japan gehen soll, dann muss ich die dortige Kultur kennen lernen. Damals fing ich an, die Bücher von D.T. Suzuki zu lesen, und erfuhr, dass Zen einen tiefgreifenden Einfluss auf die japanische Kultur hat, und damit war ich überzeugt, wenn ich die japanische Mentalität kennen lernen wolle, müsse ich auch Zen kennen lernen. Als ich 1929 nach Japan kam, begann ich, allein in Zazen zu sitzen, ohne jede Anleitung. Dann suchte ich etliche Zen-Klöster auf und erhielt einige Anweisungen. Danach hatten wir eine Gruppe, die Zen-Sitzen praktizierte, nachdem ich nach Hiroshima geschickt worden war. In Tsuwano gab es ein Soto-Zen-Kloster, wo ich an meinem ersten Zen-Sesshin teilnahm. Damals war ich Superior der Jesuitenmission.

RH: Wie reagierten die anderen Jesuiten darauf, dass Sie in ein buddhistisches Kloster gingen, um Zen zu praktizieren?

Pater Lassalle: Ich erinnere mich noch an einen Priester, der sich Sorgen um mich machte und mich warnte, wenn ich mit solchen Praktiken fortfahren würde, könnte ich meinen Glauben verlieren. Und ein Bruder murrte immer wieder: »Was führt dieser Pater Lassalle denn jetzt im Schilde – geht zu den Buddhisten und all diesen anderen Leuten!«

RH: Wie würden Sie die Erfahrung Ihres ersten Sesshin beschreiben?

Pater Lassalle: Damals war ich so tief beeindruckt, dass ich überlegte, ob wir diese Praktiken nicht bei uns Christen einführen könnten. Also hielt ich vor einigen Schwestern einen Vortrag und unterwies sie in der Meditation, die ich vom Zen gelernt hatte. Dann organisierte ich eine Gruppe japanischer Christen und ließ sie in Zen-Manier sitzen, und sie waren sehr glücklich, denn sie erklärten mir, seit sie Christen geworden seien, hätten sie gedacht, dass sie solche Praktiken nicht mehr absolvieren dürften! Das ermutigte mich, und fortan saßen wir regelmäßig – wir konnten sogar unsere eigene Zen-Halle in Kabe bei Hiroshima bauen. Leider musste das Gebäude nach dem Krieg abgerissen werden, weil die Provinzregierung den Platz für ein Stromkraftwerk brauchte, und obwohl man mir einen anderen Bauplatz anbot, wollte der Orden nicht, dass ich eine weitere Halle baute.

RH: Wann begannen Sie damit, Zen mit Harada Sogaku Roshi zu praktizieren?

Pater Lassalle: Nach dem Krieg. Vieles war im Krieg zerstört worden, und wir beteiligten uns am Wiederaufbau. Daher wirkte ich als Superior eine Zeit lang am Bau der Gedenkkathedrale in Hiroshima mit. Aber als diese Aufgabe abgeschlossen war, begann ich mich erneut dem Zen zu widmen und erkundigte mich in Eiheiji, dem zentralen Tempel der Soto-Sekte, und dort empfahl man mir, zu Harada Roshi zu gehen. Als ich schließlich mit Harada Roshi sprach, war er ziemlich überrascht, denn damals hatte er keine guten Beziehungen zu den Leuten von Eiheiji. Ich war fünf oder sechs Jahre bei ihm und erhielt von ihm das Mu-Koan. Nach seinem Tod versuchte ich, bei seinen Nachfolgern im Tempel weiter zu praktizieren, aber ich kam nicht sehr weit damit. Also begab ich mich nach einiger Zeit zu Koun Yamada Roshi, um mich von ihm unterweisen zu lassen, und bei ihm bin ich jetzt.

Yamada Roshi: Es gibt da einige Fragen, die ich gern Christen stellen würde, die zu mir kommen, um sich im Zen unterweisen zu lassen. Diese Fragen beschäftigen mich zwar schon seit langem, aber ich habe sie bis jetzt für mich behalten, da ich das Gefühl hatte, sie könnten Christen nur verwirren, wenn sie mit ihrer Zen-Praxis beginnen. Doch ich bin sicher, dass ich diese Fragen an Sie beide richten darf: Erstens – warum haben Sie nicht einfach weiterhin die Meditationspraktiken nach Ihrer eigenen christlichen Tradition absolviert, statt zum Zen zu kommen? Fehlte da etwas im Christentum, das Sie veranlasste, es im Zen zu suchen, oder waren Sie irgendwie mit dem Christentum unzufrieden und gelangten damit zum Zen? Und die zweite Frage, die ich Christen stellen möchte, die die Zen-Erfahrung durch das Mu-Koan gemacht haben: Wie würden Sie diese Erfahrung mit Ihren eigenen christlichen Begriffen ausdrücken? Und die dritte Frage: Nachdem ein Student einen gewissen Einblick ins Mu erlangt hat, bekommt er ein Koan, das die Frage stellt: »Was ist der Ursprung von Mu?« . . . Wie würden Sie die Frage nach dem Ursprung von Gott beantworten?

Pater Lassalle: Bei mir war es nicht so, dass mir etwas im Christentum fehlte, sondern ich wollte mehr über die japanische Mentalität erfahren. Ich wollte tiefer in die Kultur und in den spirituellen Schatz der Menschen eindringen, zu denen ich berufen wurde. Darum begann ich mit der Zen-Praxis. Und was das Fortführen der Praktiken der christlichen Tradition betrifft, so ermöglichte es mir eigentlich der Kontakt mit Zen, den Reichtum noch mehr zu schätzen, den die christliche Tradition aufweist, besonders die mystische Tradition in Europa, zumal die deutschen und spanischen Mystiker. Ich habe darüber in meinen Büchern über christliche Spiritualität und die Begegnung mit der Zen-Mystik geschrieben.

RH: Für mich war es zunächst einmal der Versuch, von einer anderen Tradition zu lernen, der mich zum Zen führte. Zuerst nahm ich an einem Sesshin des Rinzai-Zen teil, kurz nachdem ich nach Japan gekommen war, und das hinterließ einen so tiefen Eindruck bei mir, dass ich weitermachen wollte, und damals wurde ich in Ihre Zen-Gruppe eingeführt. Natürlich begann ich mit Zen mit dem Motiv, mich in die Frage *Wer bin ich?* zu vertiefen. Damit gelangen wir an die Wurzeln des Ganzen, den Ausgangspunkt für jeden, der mit Zen anfängt.

Da ich jedoch die Erfahrung eines jesuitischen Noviziats bereits hinter mir hatte, einschließlich der monatelangen geistlichen Übungen des heiligen Ignatius, könnte ich sagen, dass ich nicht ganz von vorn anfing. Ich blickte schon auf eine recht harte Zeit der Selbst- und der Gottsuche zurück, in meinen späten Teenagerjahren und während meiner Universitätszeit auf den Philippinen – all das lag also hinter mir, als ich mit Zen anfing. Ich war daher auf die Mu-Erfahrung durch mehrere Stadien vorbereitet, Stadien, in denen ich glaubte, zweifelte, ein wenig verstand, erneut zweifelte, und so fort.

Wenn ich mir heute das Tagebuch ansehe, das ich damals führte, bin ich erstaunt darüber, wie viele Wendungen ich durchmachte und an wie vielen Kreuzwegen ich stand. Jedenfalls aber hat mich die Mu-Erfahrung, die durch meine Arbeit am Koan von Chao-chous Hund ausgelöst wurde, buchstäblich umgestülpt, so dass ich, wenn ich mich recht erinnere, etwa drei Tage lang lachte und weinte. Die Menschen um mich herum müssen damals gedacht haben, ich würde verrückt. Ich kann jetzt nur sagen, dass diese Erfahrung es mir ermöglichte, die Wahrheit zu erkennen, die Eindringlichkeit, die wahre Wirklichkeit dessen, was Paulus in Galater 2,20 sagen wollte: »Ich lebe, doch nun nicht ich, sondern Christus lebt in mir.«

Um also Yamada Roshis beide Fragen in einem Satz zu beantworten: Ich kam zum Zen auf der Suche nach meinem wahren Selbst, und die Erfahrung, die Sie als Kensho beglaubigt haben, das durch das Mu-Koan ausgelöst wurde, war gleichzeitig die Verwirklichung meines totalen Nicht-Seins. Und doch ist die Erfahrung eines totalen Nicht-Seins aus einem anderen Blickwinkel auch die Entdeckung einer belebenden Welt der Gnadenfülle, die alle Erwartungen übersteigt. Man kann einfach nur wieder mit Paulus ausrufen: Wer kann »begreifen, welches die Breite und die Länge und die Höhe und die Tiefe ist«, und »auch die Liebe Christi erkennen, die alle Erkenntnis übertrifft« (Epheser 3,18–19)?

Wenn Sie nach dem Ursprung von all dem fragen, muss ich gestehen, dass ich es nicht weiß. Man kann die Gnadenfülle nur von Augenblick zu Augenblick demütig empfangen.

Yamada Roshi: Ich verstehe. Ich habe immer Christen als Schüler angenommen, wobei ich mir sagte, dass es etwas gibt, das wir – aus der Zen-Perspektive betrachtet – mit ihnen gemeinsam haben, auch wenn ich über das Christentum als solches nicht besonders gut informiert bin. Nach dem, was ich von den Christen weiß, mit denen ich in Kontakt komme, will es mir allerdings scheinen, dass sich das Christentum selbst im Laufe der Zeit verändert hat. Oder vielleicht habe ich mir früher eine andere Vorstellung vom Christentum gemacht, und meine Vorstellung hat sich verändert.

RH: Nun, ja und nein. Vor dem Zweiten Vatikanischen Konzil, das von 1962 bis 1965 stattfand, gab es gewisse vorgefasste Meinungen über das Christentum – es hatte das Image, aus einer Reihe rigider, geschlossener und dogmatischer Glaubensvorstellungen zu bestehen, die sich auf hochabstrakte theologische Spekulationen stützten und mit einer moralistischen Haltung gegenüber der Welt verbunden waren, oft begleitet von der Einstellung, als Christ sei man »heiliger« als andere Menschen. Christen vermittelten auch den Eindruck, als hätten sie ein Monopol auf die Wahrheit, und hielten sogar an der Vorstellung fest, es gäbe »keine Erlösung außerhalb der Kirche«.

Zum Glück oder besser gesagt: durch das Wirken der Gnade sprach sich das Zweite Vatikanische Konzil für eine »Rückkehr zu den Quellen« (*ad fontes*) des Christentums aus, was dann zu einer weiteren Erforschung der Erfahrungswurzeln der christlichen Botschaft führte, wie sie in der Heiligen Schrift zum Ausdruck kommt. Nunmehr also können wir das Christentum als eine Botschaft der totalen Befreiung verstehen, die durch eine Begegnung mit dem göttlichen Geheimnis von Jesus Christus und durch seine Menschlichkeit begründet ist. Letztlich läuft das Christentum somit auf diese grundlegende religiöse Erfahrung der Begegnung mit der »Göttlichkeit in der Menschlichkeit« hinaus.

Yamada Roshi: Vor kurzem hat mir eine meiner Schülerinnen, eine Benediktinerin, ein Buch des deutschen Priesters Hans Waldenfels, S.J., geschenkt, dessen Titel *Absolutes Nichts* lautet. Ich war sehr beeindruckt vom Inhalt dieses Buches, und nun erkannte ich, dass das, was ihr Christen Gott nennt, sich vielleicht gar nicht so sehr von dem unterscheidet, wovon wir im Zen sprechen. Schon einen Tag später hatte ich eine Begegnung mit vier katholischen Priestern, die das Zen-Koan-Training abgeschlossen haben, und während unserer offenen Diskussion fragte ich sie danach, und alle schienen mit mir einer Meinung zu sein, dass das, was ihr Gott nennt, dem entspricht, womit wir uns im Zen befassen. Pater Lassalle kam später dazu, und auch er teilte diese Ansicht.

RH: Ja, wir beschäftigen uns jetzt mit etwas, das sich nicht angemessen in Worte und Begriffe fassen lässt. Wenn wir die Dinge aus dieser Perspektive sehen, das heißt, die Grenzen der Worte und Begriffe erkennen, die wir in unserem Dialog verwenden, und über diese Grenzen hinauszuschauen vermögen, dann sind wir in der Lage, dieses Gefühl der Gemeinsamkeit zu empfinden, dass wir die gleiche Luft atmen und in derselben Welt leben.

Anscheinend müssen wir unsere einseitigen Vorstellungen von Gott überwinden, nämlich, dass er ein Supermensch da oben ist, so etwas wie ein weißbärtiger Großvater im Himmel, der alles sieht, und zugleich müssen wir begreifen, dass Gott kein Mensch, sondern der Grund aller Dinge ist. Wir befassen uns hier zwar mit zwei Begriffen, nämlich Mensch und kein Mensch, aber wir müssen auch beide ablehnen. Wir müssen immer wieder auf den Erfahrungsgrund unserer theologischen Sprache zurückkommen.

Yamada Roshi: Soweit ich weiß, ist der Papst als Oberhaupt der römisch-katholischen Kirche sehr interessiert an der Erlösung der Menschheit, und dafür bewundere ich ihn. Aber ich darf doch sagen, dass nicht allein die Bemühungen des Papstes die Menschheit erlösen können. Wir alle müssen einander in unseren gemeinsamen Bemühungen die Hand reichen. Zen und das Christentum können für dieses gemeinsame Ziel zusammenwirken.

Und für mich ist eines der Hauptprobleme, vor denen die Menschheit heutzutage steht, die Armut oder vielmehr die Lösung des Problems der Armut so vieler Menschen auf der Erde. Das kann weder die UNO noch der Vatikan allein schaffen. Vielleicht benötigen wir für diese Aufgabe hundert oder zweihundert Jahre.

RH: Aber dieses Problem bringt uns zu der Frage nach der Beziehung zwischen Zen und unserer historischen und sozialen Wirklichkeit. Worin besteht für Sie unser Verhältnis zur Welt? Dahinter steht die ganz wichtige Frage nach dem Zusammenhang von Zen-Praxis und sozialem Handeln.

Yamada Roshi: Wenn Menschen hungrig sind, muss man zuerst dafür sorgen, dass sie etwas zu essen bekommen. In so einer Situation sind sie gar nicht in der Lage, sich etwas anderes anzuhören, geschweige denn Reden über Zen oder Christentum. Zunächst einmal muss man doch teilhaben an dem, was zum Leben unbedingt nötig ist, um von dort aus weiterzukommen. Aber es ist gar nicht gut, im Luxus zu leben. Ich betone immer, wie wichtig es ist, einfach zu leben, dass man zufrieden ist mit dem, was man bekommt. Leider haben sich in jüngerer Zeit junge Menschen allzu sehr an Komfort und Luxus gewöhnt und sich davon abhängig gemacht. Dies war nicht der Fall, als wir noch jung waren.

RH: Pater Lassalle, wie stehen Sie zu der Frage nach der Zen-Praxis und dem sozialen Engagement?

Pater Lassalle: Ich betrachte sie im Zusammenhang mit dem Aufkommen eines neuen Bewusstseins für die Menschheit. Dieses neue Bewusstsein geht über die traditionelle Sehweise hinaus, die auf der Subjekt-Objekt-Polarität beruht, welche andere als »Objekte« behandelt, denen ich als »Subjekt« gegenüberstehe. Dieses neue Bewusstsein lässt diesen Gegensatz hinter sich, und damit ist die Erkenntnis verbunden, dass man mit allen eins ist. Dieses neue Bewusstsein wird die Basis für die sozialen Beziehungen eines Menschen und sein Engagement für die Gesellschaft werden.

RH: Ich würde gern noch ein wenig mehr auf das eingehen, was Pater Lassalle das aufkommende »neue Bewusstsein« nennt. Nehmen wir zum Beispiel den Menschen, der nur sein »subjektives Bewusstsein« wahrnimmt und damit seine Beziehung zu anderen, zur Natur und so weiter als eine Art Gegensatz sieht. Er nimmt aus dieser Perspektive nur einen sehr begrenzten Bereich der Wirklichkeit wahr. Das ist wie bei dem sichtbaren Teil eines Eisbergs. Tatsächlich aber reicht das wahre Selbst sehr viel tiefer. Da gibt es zunächst einmal den Bereich des Unterbewussten, der im Schlaf, in den Träumen aktiviert wird. Dann kommt ein tieferer Bereich, den C.G. Jung das kollektive Unbewusste genannt hat, an dem wir Menschen während unserer ganzen Geschichte teilhaben, wie gemeinsame Muster in Mythen, Symbolen und Archetypen beweisen. Aber selbst dieser Bereich rührt noch nicht an das, was Yamada Roshi die »wesentliche Welt« im Zen nennen würde. Wir können es auch das »phänomenale Selbst« nennen.

Der Durchbruch durch das subjektive Bewusstsein geht

noch tiefer als bis zum Unterbewussten und zum kollektiven Unbewussten, nämlich bis zu jenem Reich, in dem Gegensätze zusammenfallen, wo es kein Subjekt oder Objekt mehr gibt – die Welt der Leere –, und das ist unsere Erfahrung des Mu im Zen. Dort erwacht man zu der Grundtatsache, dass man eins ist mit dem ganzen Universum, ebenso wie mit jedem einzelnen Ding um uns herum, wie dieser Blume, jenem Berg, der Sonne, dem Mond, den Sternen. Das alles ist nichts anderes als ich selbst! Daher konnte der Buddha ausrufen: »Über dem Himmel, unter dem Himmel soll nichts anderes verehrt werden als ich!«

Man kann diese Aussage missdeuten und darin die größte Blasphemie und Egozentrik erblicken, aber richtig verstanden verkündet dieser Ausruf die Welt der Leere, die zugleich auch die Welt des Einsseins mit jedem besonderen Ding in diesem ganzen Universum ist. Es gibt nichts anderes als mich, und es gibt kein solches Ich! Das ist gewiss ein begrifflicher Widerspruch, aber man kann es nicht anders ausdrücken.

Und aus dieser Perspektive, in der alles sich manifestiert, »wie es wahrhaft ist«, wird alles mit dem Auge der Weisheit gesehen. Erst im Licht dieses Auges der Weisheit entsteht wahres Mitgefühl, denn alle Schmerzen, alle Freuden, alle Leiden, alle Schreie von allen Lebewesen im Universum sind als solche mein Schmerz, meine Freude, mein Leiden, mein Schrei. Erst aus dieser Perspektive kann echtes Mitgefühl etwas bewirken. Das ist überhaupt nicht zu vergleichen mit jenem oberflächlichen »Mitleid« mit anderen, bei dem man den Leidenden aus einer Perspektive außerhalb dieses Leidens betrachtet. Hier, in der Welt der Leere, lässt man sich auf dieses Leiden wie auf sein ureigenes Leiden ein.

Ein freimütiger Blick auf unsere gegenwärtige Welt, so wie sie ist, wird den Zustand des Leidens zahlloser Lebewesen erkennen, derer, die inmitten von entmenschlichender Armut leben, wo in jeder Minute unterernährte Babys sterben und viele unablässig als Opfer individueller wie gesellschaftlicher Gewalt umkommen. All dies ist *mein ureigenes* Leiden, und mein Körper wird von allen Seiten gemartert. Ich kann nicht selbstzufrieden und gleichgültig bleiben. Ich werde von einer inneren Dynamik angeregt, mich für die Linderung dieser Schmerzen und dieses Leidens zu engagieren, ganz wie es meinen Fähigkeiten entspricht. Das erinnert mich an das Bild des Bodhisattva der Barmherzigkeit, Guanyin mit den tausend Händen, die sich über die ganze Welt all jenen entgegenstrecken, die gerade leiden.

RH: Worin sehen Sie beide die Ziele für den künftigen Dialog zwischen Zen und Christentum?

Pater Lassalle: Ich möchte den Kulturphilosophen Jean Gebser zitieren, der aus der Perspektive dessen spricht, was ich das aufkommende neue Bewusstsein genannt habe. Er sagt, wir können nicht im Detail vorhersehen, was geschehen wird, aber die Dinge werden von sich aus auf die richtige Weise geschehen. Wir können davon nicht im Einzelnen sprechen, weil wir uns hier mit einer Dimension befassen, die über alle Begriffe hinausgeht. Leider sind viele Menschen noch nicht in der Lage, dies zu akzeptieren.

Ich erhielt einen Brief von jemandem, der einen meiner Vorträge in Deutschland gehört hatte, und darin hieß es: »Wir Christen brauchen uns nicht mit dem Leeren zu beschäftigen – wir haben ja schon Christus!« Es war ein sehr höflicher Brief, aber leider glaube ich, dass der Briefschreiber nicht verstand, worum es eigentlich geht, denn »Christus« kann hier ein Idol werden, ein Begriff, den wir selbst genau deshalb leeren müssen, um dem wirklichen Einen zu begegnen, in dieser Welt der Leere.

Yamada Roshi: Wie ich schon sagte, habe ich den Eindruck, dass das Christentum überhaupt nicht das ist, wofür ich es früher hielt, nämlich ein starres System von Glaubensvorstellungen und Begriffen. Vielmehr scheint es etwas mit dem gemein zu haben, womit wir uns im Zen befassen. Nun kann bei der Fülle von Aufgaben, die in der heutigen Welt vor uns liegen, kein Einzelner diese Aufgaben allein und unabhängig von den anderen bewältigen. Wir müssen einander die Hände reichen, um eine Welt entstehen zu lassen, die eins ist.

RH: Die Welt befindet sich in einer Lage, die man durchaus mit dem Gleichnis vom brennenden Haus aus dem *Lotos-Sutra* beschreiben kann. Dieses Gleichnis handelt von kleinen Kindern, die in einem Haus, das bereits brennt, einfach weiterspielen. Da sie ganz in ihrem Spiel aufgehen, merken sie nichts von der Gefahr, in der sie sich befinden. Der Buddha ist wie der Vater der Kinder, der draußen vor dem Haus steht und sie auf ihre Lage aufmerksam machen will, der sie auffordert, zu ihm herauszukommen, aber sie hören ihn nicht.

Genauso droht diese Erde, unser Haus, zerstört zu werden, aufgrund der fortwährenden Gewalt, die auf allen möglichen ideologischen, auch religiösen Konflikten beruht, aufgrund der zunehmenden Kluft zwischen Reich und Arm und infolge der ökologischen Katastrophen, die zum großen Teil von uns Menschen verursacht werden. Und dennoch schwelgen wir noch immer in unserer Unwissenheit, interessieren uns nur für unser kleines Ich und unsere egoistischen Spielchen. Mit der Verwirklichung dessen, was Pater Lassalle das neue Bewusstsein nennt – mit anderen Worten: mit dem Leeren dieses kleinen, egozentrischen »subjektiven Bewusstseins« hin zur Manifestation dessen, was Yamada Roshi die wesentliche Welt nennt, die Welt der Leere und damit genau die Welt des Einsseins, wird sich vielleicht ein Ausweg aus diesem brennenden Haus offenbaren.

Anmerkungen und Literaturhinweise

Zum Vorwort:

John P. Keenan ist ein Kanonikus der anglikanischen Kirche und Mitherausgeber von *Beside Still Waters: Jews, Christians, and the Way of the Buddha* sowie von *The Gospel of Mark: A Mahayana Reading.*

[1] »Close Encounters of a Certain Kind«, in: *Beside Still Waters: Jews, Christians, and the Way of the Buddha.* Hrsg. von Harold Kasimow, John P. Keenan und Linda Klepinger Keenan, Boston 2003.

[2] Paramahamsa Yoganda, *Autobiographie eines Yogi*, München 1950, S. 331ff., 415ff.

[3] Der Leser möge sich doch einmal einlassen auf James W. Heisigs provokatives Buch *Dialogues at One Inch Above the Ground: Reclamations of Belief in an Interreligious Age*, New York 2002.

[4] Unter anderem Bernard Faure, *The Rhetoric of Immediacy: A Cultural Critique of Chan/Zen Buddhism*, Princeton, N.J., 1991; Steven Heine und Dale W. Wright (Hrsg.), *The Koan: Text and Context in Zen Buddhism*, Oxford 2000, und Steven Heine, *Opening a Mountain: Koans of the Zen Masters*, Oxford 2002; John McRae, *The Northern School and the Formation of Early Ch'an Buddhism*, Hawaii 1986, und Ro-

184

bert H. Sharf, *Coming to Terms with Chinese Buddhism: A Reading of the Treasure Store Treatise*, Hawaii 2001.

Gegenwärtig sind viele einführende Bücher und Ratgeber zur Zen-Praxis erhältlich, aber wer mehr über den Zen-Stil der Sanbo-Kyodan-Schule von Harada, Yasutani und Yamada erfahren will, für den könnte das von Philip Kapleau herausgegebene Buch *Die drei Pfeiler des Zen* ein guter Einstieg sein. Robert Aitken, *Der Pfad des Zen*, ist eine ausgezeichnete Darstellung, die auf derselben Tradition basiert. Taizan Maezumi und Bernie Glassman, *On Zen Practice: Body, Breath and Mind*, ist sehr hilfreich für Anfänger und beschreibt auch, worum es beim *shikantaza* (»nur Sitzen«) und bei der Koan-Praxis geht. Das Buch enthält zudem einen wichtigen Essay von Koun Yamada mit dem Titel »Is Zen a Religion?«, eine anregende Auseinandersetzung mit den interreligiösen Möglichkeiten von Zen-Praxis und -Erfahrung. John Daishin Budsbazen, *Zen Meditation in Plain English*, sowie *The Art of Just Sitting*, eine Sammlung von Texten von Zen-Meistern aus dem alten China bis zum heutigen Amerika, herausgegeben von John Daido Loori, sind gleichfalls sehr hilfreiche Anleitungen für Anfänger in der Zen-Praxis.

Die Einführungsgespräche an unserem Maria Kannon Zen Center sind enthalten in *Beginning Zen*, veröffentlicht unter *www.mkzc.org*. Was den Umgang mit Koans betrifft, vermittelt *The Gateless Gate* von Koun Yamada dem Leser einen Eindruck vom grenzenlosen Geist und Herzen dieses bedeutenden Zen-Meisters des 20. Jahrhunderts. Robert Aitken, *Gateless Barrier*, ist gleichfalls eine hilfreiche Einführung in das *Wu-men-kuan*, diese zuerst im 13. Jahrhundert in China erschienene klassische Koan-Sammlung. Yamadas Zen-Gespräche über die Koans aus den *Aufzeichnungen des Meisters vom Blauen Fels* sind in einer deutschen Übersetzung erschienen.

Inzwischen gibt es auch eine ganze Reihe von Büchern über den sozial engagierten Buddhismus. Insbesondere kann ich Ken Jones, *The New Social Face of Buddhism*, empfehlen sowie David Loy, *The Great Awakening*, eine sehr kenntnisreiche Darstellung der auf dem buddhistischen Konzept von der Wirklichkeit basierenden Sozialtheorie. Speziell mit Zen und dem sozialen Engagement befasst sich Christopher Ive, *Zen Awakening and Society*. Auch mein Buch *Healing Breath: Zen Spirituality for a Wounded Earth* versucht, die sozioökologische Dimension der Zen-Erfahrung und -Praxis darzustellen. Pionierarbeit zum Thema Zen und christliche Spiritualität hat Pater Hugo Enomiya-Lassalle mit seinen überwiegend auf Deutsch erschienenen Büchern geleistet; erwähnt sei vor allem *Zen-Meditation für Christen*. Auch Robert Kennedy, ein Jesuitenpriester und Zen-Meister, hat sich mit seinen Büchern *Zen Mind, Christian Mind* und *Zen Gifts to Christians* diesem Gebiet gewidmet. Auf Deutsch erschien von ihm *Zen Spirit – mystische Wege zu Gott*. Sister Elaine MacInnes, *Light Sitting in Light* und *Zen Contemplation: A Bridge of Living Water*, sind sehr lesenswerte, persönliche Berichte einer katholischen Nonne und Zen-Meisterin, die auch langjährige Leiterin des Prison Phoenix Trust war, einer privaten Stifung, die Meditationskurse für britische Strafgefangene abhält. *Beside Still Waters*, herausgegeben von Harold Kasimow, Linda Kepplinger Keenan und John Keenan, ist eine Sammlung von Essays von Juden und Christen, deren Leben von der buddhistischen Praxis beeinflusst worden ist.

Das Buch des japanischen Jesuitenpriesters und Rinzai-Zen-Meisters J. K. Kadowaki, *Zen und die Bibel*, enthält erkenntnisreiche Reflexionen über Koan und biblische Themen aus der persönlichen Erfahrungssicht des Autors. Ein weiterer Jesuitenpriester, William Johnston, hat zahlreiche Werke über Mystik und christliche Spiritualität geschrieben, die viele instruktive Hinweise auf Zen enthalten. Insbesondere sein Buch

Zen, ein Weg für Christen ermutigt Christen zu dieser buddhistischen Meditationspraxis und behandelt Zen-Themen aus theologischer Sicht. Erwähnenswert ist auch Tom Chetwynds tiefsinniges Buch *Zen and the Kingdom of Heaven.* Mit dem Christentum aus buddhistischer Sicht befasst sich das anregende Werk des Dalai Lama, *Das Herz aller Religionen ist eins. Die Lehre Jesu aus buddhistischer Sicht.*

Dank

VON GANZEM HERZEN möchte ich meinem verstorbenen Lehrer, Koun Yamada Roshi, danken, dessen immer während Gegenwart und Führung auf jeder Seite dieses Buches zu spüren ist, ebenso seiner Frau, Kazue Yamada, die uns allen, als wir im San-un-Zendo in Zazen saßen, eine großmütige und warmherzige Mutter gewesen ist.

Mein tief empfundener Dank gilt auch Jiun Kubota Roshi und Ryoun Yamada Roshi, Koun Yamada Roshis Nachfolgern in der Führung des Sanbo-Kyodan, die dafür sorgen, dass die Lampe des Dharma in unserer Tradition weiter leuchtet. Danken möchte ich besonders all meinen Dharma-Schwestern und -Brüdern in der Lehrergemeinschaft des Sanbo-Kyodan, von denen mir so viel Führung und Weisheit und so viele warmherzige Umarmungen zuteil werden, wenn wir uns in unseren alljährlichen Klausuren und Seminaren wiedersehen. Unter ihnen möchte ich speziell Sister Elaine MacInnes, OLM, danken. Aufgrund ihrer Einladung hatte ich die Gelegenheit, Zen-Gespräche in ihrem Sangha in Manila abzuhalten, von denen viele Kapitel dieses Buches profitiert haben. Eine tiefe Verbeugung und ein Gassho als Zeichen meiner Dankbarkeit für ihre Freundschaft und Führung, die all die Jahre überdauert haben.

Meine tiefe Dankbarkeit gilt so vielen Menschen, insbesondere aber: Father Thomas Hand, S.J., der mich als mein spiritueller Führer in meinen frühen Jahren als Jesuit mit Yamada Roshi und der Gemeinde des Sanbo-Kyodan in Kamakura bekannt machte.

Robert Aitken Roshi, meinem Mentor und älteren Dharma-Bruder, der mich bei meiner Übersiedlung von Japan in die USA so herzlich unterstützte und mich ermutigte, »die trockenen Ebenen des Südwestens zu bewässern«. Für mich wie für so viele andere Menschen ist er eine Verkörperung des Zen-Lebens der Weisheit, das Mitgefühl verströmt.

Sister Rosario Battung, RGS, einer Dharma-Schwester, die mich buchstäblich an die Hand nahm und mich mit vielen Menschen bekannt machte, mit denen sie in Isabela arbeitete, im nördlichen Teil der Philippinen, wo es zu vielen denkwürdigen und herzlichen Begegnungen kam, die mir nach wie vor zu verstehen geben, wer ich bin.

Sister Vicky Palanca, einer Freundin und Helferin durch all die Jahre.

Joan Rieck, einer Dharma-Schwester, die ebenfalls in den Ebenen des Südwestens lebt und liebenswürdigerweise bereit ist, hin und wieder zu uns zu kommen und mit uns zu sitzen und den Mitgliedern unserer Maria-Kannon-Zen-Gemeinde in Dallas, Texas, ihre sanft führende Hand zu reichen.

Allen Mitgliedern unserer Maria-Kannon-Zen-Gemeinde, die mit uns während der vergangenen Jahre gesessen haben und die ein intimer Teil meiner Zen-Reise sind. Sie sind meine Lehrer auf diesem Weg des Zen. Ein besonderer Dank gilt Helen Cortes für ihren selbstlosen und ergebenen Dienst im Sangha – ohne sie wären wir nicht da, wo wir heute sind.

Jedem meiner Familienangehörigen, von meinen Eltern, denen ich dieses Buch widme, über meine Brüder und Schwestern und ihre Familien bis zu meiner Frau Maria Dorothea und meinen Söhnen Florian und Benjamin.

Robert Ellsberg und William Burrows von Orbis Books, die freundlicherweise die erste Fassung dieses Buches im Jahr 1989 herausbrachten.

Meinen Zen-Lehrerkollegen David Loy, Taigen Leighton, Mitra Bishop, James Ishmael Ford und allen anderen, die mich dazu drängten, das Buch zu überarbeiten und zu erweitern, und die sich so freundlich bei Wisdom Publications für mich einsetzten. Und last but not least danke ich ganz herzlich Josh Bartok, meinem Lektor bei Wisdom, für seine ermutigenden Worte, seinen klugen Rat und seine gezielten Fragen und Kommentare. Seine unermüdlichen Bemühungen haben entscheidend dazu beigetragen, die Qualität und die sprachliche Genauigkeit dieses Buches zu verbessern.

Mein ganz besonderer Dank gilt jedoch dem verstorbenen Pater Hugo Enomiya-Lassalle, S.J., der als ein Pionier zahlreichen Menschen den Weg zum Zen öffnete und mit dessen Vorwort zur ersten Fassung dieses Buches ich meine neue Arbeit abschließen möchte:

Mit großer Freude steuere ich ein Vorwort zu dem Buch von Ruben Habito bei. Als Ruben Habito 1970 nach Japan kam, begann er sich fast sofort für Zen zu interessieren. Soweit ich weiß, war er der erste Katholik, dem bestätigt wurde, dass er die anfängliche Erleuchtungserfahrung des Zen (Kensho) unter einem japanischen Zen-Meister erlebte. Seither betrieb er beharrlich seine Ausbildung unter seinem wahren Lehrer, Koun Yamada Roshi vom San-un-Zendo in Kamakura.

Während seiner prägenden Jahre als Jesuit in Japan stellte Ruben sein hohes intellektuelles Kaliber unter Beweis, als er an der renommierten University of Tokyo immatrikuliert wurde und sein Studium mit einer Dissertation über buddhistische Philosophie abschloss.

Ruben Habito ist geradezu prädestiniert dazu, dieses Buch zu schreiben. Damit meine ich nicht nur sein Wissen über

Buddhismus und Christentum und seine praktische Erfahrung in der Zen-Sitzmeditation, sondern insbesondere die Vertiefung seiner Zen-Praxis, die zur Vertiefung seines sozialen Engagements führte.

Wenn ich dieses Werk lese, beeindruckt mich die Art und Weise, wie er nachweist, dass unsere Erfahrungen im Zen ihre Bestätigung im Leben und in den Worten von Jesus Christus finden, wie sie in den Evangelien geschrieben stehen. Ich bin überzeugt, dass die Lektüre dieses Buches den Lesern viel Freude bereiten und dazu beitragen wird, dass sie die Beziehung zwischen Zen und christlicher Spiritualität besser verstehen.

Hugo M. Enomiya-Lassalle, S.J.